RANGOS Y ROSARIOS

LA ÚLTIMA LUCHA DE UN BRIGADIER CON EL CÁNCER

BRIGADIER OA JAMES (JUBILADO)

Copyright © Brigadier OA James (Jubilado) 2025
All Rights Reserved.

ISBN
Paperback 979-8-89673-816-9
Hardcase 979-8-89744-891-3

This book has been published with all efforts taken to make the material error-free after the consent of the author. However, the author and the publisher do not assume and hereby disclaim any liability to any party for any loss, damage, or disruption caused by errors or omissions, whether such errors or omissions result from negligence, accident, or any other cause.

While every effort has been made to avoid any mistake or omission, this publication is being sold on the condition and understanding that neither the author nor the publishers or printers would be liable in any manner to any person by reason of any mistake or omission in this publication or for any action taken or omitted to be taken or advice rendered or accepted on the basis of this work. For any defect in printing or binding the publishers will be liable only to replace the defective copy by another copy of this work then available.

Elogios Del Libro

Al enterarme de la aventura literaria de mi antiguo compañero Jimmy, me adentré con avidez en su autobiografía, Rangos y Rosarios. El libro es un tapiz de anécdotas llenas de emoción, espiritualidad e ideas sobre el liderazgo. La prosa sin esfuerzo atrae a los lectores a un espectro de experiencias sentidas, instando a la exploración hasta la última palabra.

Los capítulos reflejan el espíritu inquebrantable del autor y su perseverancia a través de terrenos diversos, desde los duros climas del Taller de la Brigada de Siachen y las grandes altitudes de Sikkim Oriental hasta los escarpados senderos de Arunachal Pradesh. Se narran sus etapas ejemplares como oficial al mando en Punjab y comandante en un taller de la base del ejército en Allahabad, bajo el lema «En busca de la excelencia».

Un segmento conmovedor narra la batalla del Brigadier OA James contra el cáncer, especialmente en medio de una pandemia mundial, retratando una convincente imagen de resiliencia que podría inspirar a muchos. El sincero viaje a través del diagnóstico, el tratamiento y el consuelo espiritual recuerda a una novela fascinante. Este libro es una lectura entrañable que inspira introspección y valor en medio de las adversidades.

El libro está magníficamente escrito y es, sin duda, un relato sacado directamente del corazón. Ha sido franco, directo, explícito, sin ambigüedades ni ambigüedades como persona y como oficial del ejército.

He disfrutado mucho leyendo este libro y aprecio la forma en que ha explicado los caprichos de la vida.

JAI HIND

- Teniente General Prof. (Dr.) Rajesh Kochhar,
AVSM & Bar, SM, VSM (Jubilado)

Director Principal, Instituto Jindal de Desarrollo del Liderazgo y Educación Ejecutiva (JILDEE)

Y Profesor de Práctica, Jindal School of International Affairs (JSIA) OP Jindal Global University

Ex Jefe de Estado Mayor del Mando de Instrucción del Ejército (ARTRAC)

*****

Me encantó saber que el brigadier James está escribiendo su autobiografía. Como radiólogo intervencionista que, junto con el doctor MC Uthappa, realizó la ablación por microondas y el procedimiento de TACE en él en 2019, tengo una conexión personal con su historia.

Al leer su libro, me impresionó profundamente su meticuloso y honesto relato de su tratamiento médico. Sirve como testimonio de la importancia de los chequeos médicos regulares, que permitieron diagnosticar su condición en sus etapas tempranas. Su narrativa resuena con su disciplina, cultivada desde sus años en el ejército. Al igual que enfrentó numerosos desafíos en su vida profesional con resistencia y valor, mostró las mismas cualidades admirables en su batalla contra el cáncer.

Su autobiografía no es solo un relato de su vida sino una fuente de inspiración. Es una narrativa emocionante llena de emociones genuinas, anécdotas y lecciones que resonarán con los lectores. Recomiendo este libro de todo corazón a lectores de todo el mundo y le deseo al brigadier James una vida larga y plena.

- **Dr. Rohit Madhurkar** Radiólogo Intervencionista Jefe

Apollo Hospitals, Bengaluru, Fundador y Consultor

Unidad clínica PinHole TM del MIC

*****

¡Tuve el privilegio de ser un lector beta para Brigadier James y estaba familiarizado con la lectura de su trabajo mucho antes de que se lanzó al público en general, y no podría estar más agradecido! No solo sus propias palabras cobran vida y pintan una historia cautivadora y fascinante que es difícil de dejar caer, sino que también me quedé bastante impresionado con la historia de su amor por su esposa, Mary. Para un lector estadounidense, el concepto de un matrimonio arreglado exitoso es increíblemente intrigante y permitirá una visión en otra cultura. Esta historia te abrirá los ojos y te ayudará a ver la belleza del matrimonio arreglado de una manera que nunca pensaste posible. Me alegra tener la experiencia de entender a Mary a través de los ojos de James.

Otra característica destacada de la labor de este distinguido general de una estrella es su genuina humildad, transparencia y sinceridad. Es evidente por qué ha sido un líder eficaz de sus tropas. Los lectores de todas las edades en todo el mundo encontrarán gran valor en sus cuentos de dedicación familiar, fe firme, luchando contra el cáncer con coraje y su determinación de hacer una crónica de su vida en medio de una pandemia y desafíos personales de salud. Realmente recomiendo este libro como inspirador y emocionante para cualquier persona que disfruta leyendo una memoria fascinante

- Sra. Scarlett Crawford,

Denver, Estados Unidos, 17 Oct 2023.

*****

Scarlett Crawford ha ocupado múltiples cargos como vicepresidenta internacional de ventas globales. Tiene un MBA bilingüe con especialización en mercados emergentes. Vive en Denver, Colorado, con su marido y cuatro hijos, y además de hablar su idioma nativo, habla inglés con fluidez en español y portugués brasileño.

Narración sin fisuras - Un Giro de página amado por todas las edades

En "Rangos y Rosarios ", el brigadier OA James ofrece una autobiografía cautivadora que proporciona una visión íntima de su infancia, vida profesional como oficial militar y vida después de la jubilación. La secuencia sin fisuras de los capítulos del libro me cautivó hasta el punto que me encontré completando toda la lectura en una sola sesión. Lo verdaderamente notable es que el atractivo del libro se extiende a todos los grupos de edad - me alegré al ver que incluso mi estudiante de secundaria lo disfrutó completamente. Rangos y Rosarios transmite el impacto emocional de la vida militar, abordando sacrificios y desafíos con sinceridad y autenticidad. Recomendaré este libro a cualquier persona interesada en autobiografías, liderazgo, fe e historia del ejército indio.

- Sebastian Paul

SVP, Jefe de Ingeniería, Banco Estadounidense Dallas,

Estados Unidos de América

*****

¡Una extraordinaria memoria de un hombre común!

Rangos y rosarios es una fascinante historia de un hombre común cuya vida toma un viaje extraordinario rodeado por virtudes de valor, perseverancia, resistencia, esperanza y fe. Cuidadosamente elaborado en capítulos significativos que definen las diversas fases de su vida, el lector obtiene una buena visión de la vida de los autores y cómo diferentes eventos finalmente lo moldean en el guerrero que se convierte tanto dentro como fuera del campo de batalla en su lucha contra el cáncer. Los detalles meticulosos de su vida como niño en la pequeña ciudad de Changanacherry, Kerala, su preparación para ser un soldado y su viaje espiritual salpicado con anécdotas humorísticas y aventureras hace una lectura interesante. Nos recuerda que el camino de la vida y los caminos que elegimos pueden ser inicialmente inciertos, pero bajo el escudo de las alas de Dios Todopoderoso, siempre nos lleva a nuestro propósito. En definitiva, una gran lectura que inspirará, influirá, entretendrá y educará a todos los que la lean.

- Ivan Jose Houston, Estados Unidos

*****

**El Sr. Shashi Tharoor recibiendo el libro del autor,
el Brigadier James.**

El Sr. Tharoor es miembro del Congreso Nacional de la India. Actual diputado por Thiruvananthapuram. Autor de 25 libros, fundador @ProfCong, ex ministro de Estado, Govt. de la India y antiguo subsecretario general de las Naciones Unidas

*****

**El Sr. Muttiah Muralidaran recibe el libro del autor,
el Brigadier James**

El Sr. Muralidaran es un entrenador de críquet, empresario y ex jugador profesional de críquet de Sri Lanka. Con una media de más de seis palos por partido de Test, está considerado como uno de los mejores lanzadores de la historia de este deporte. Es el único lanzador que ha conseguido 800 palos en partidos de prueba y más de 530 en partidos internacionales de un día (ODI). En septiembre de 2023, era el jugador con más palos en el críquet internacional. Muralitharan formó parte del equipo de Sri Lanka que ganó la Copa Mundial de Críquet de 1996. En 2002, el Wisden's Cricketers' Almanack consideró a Muralitharan el mejor lanzador de partidos de prueba, y en 2017 fue el primer jugador de críquet de Sri Lanka incluido en el Salón de la Fama del Críquet del ICC.

*****

*A mi padre, el héroe anónimo cuyo amor y
sacrificio se convirtieron en las alas sobre las que me elevé.
Mi historia es un testimonio de su legado perdurable.*

Mi esposa, mis hijos, sus cónyuges y nietos se reunieron para celebrar mi septuagésimo cumpleaños.

Índice

George Jacob Koovakad
Cardinal
Vatican

Coordinator of Apostolic Journeys
Prefect of the Dicastery for
Interreligious Dialogue

Prefacio Dado Por Cardenal

La fe, la esperanza y la perseverancia son temas universales que están en el corazón de la inspiradora autobiografía del brigadier O. A. James: *Rangos y Rosarios. La última lucha de un soldado contra el cáncer.*

Es un honor para mí presentar la edición española de esta notable obra, que sintoniza perfectamente con el tema de la esperanza elegido por el Papa Francisco para el Jubileo del 2025.

La vida del brigadier James es un testimonio de fortaleza ante la adversidad. Desde los feroces desafíos del campo de batalla hasta las luchas interiores en su guerra contra el cáncer, su viaje refleja el poder transformador de una fe y una determinación inquebrantables. Profundamente arraigado en su confianza en Dios y en la intercesión de María, nuestra Madre, su historia trasciende las fronteras religiosas, ofreciendo inspiración para todos. Su interés por alentar a otras personas en dificultad a partir de sus propias experiencias es reflejo de la invitación que nos hace el Papa Francisco a acoger la esperanza como ancla durante las pruebas de la vida.

Esta autobiografía *"Rangos y Rosarios"* no es solo la crónica de una carrera extraordinaria sino una celebración del indomable espíritu humano.

La decisión del brigadier James de dedicar los beneficios recaudados por la venta del libro a la ayuda de pacientes con cáncer es un ejemplo de su compromiso con el servicio social y su deseo de convertir las luchas personales en un faro de esperanza para otros.

Tal y como nos exhorta el Papa Francisco, esta autobiografía se presenta como una guía para que los lectores abracen la fe, perseveren a través de los desafíos y encuentren alegría incluso en las pruebas, convirtiéndose así en peregrinos de esperanza. En ella se invita a los lectores de todo el mundo sacar la fuerza necesaria afrontar los retos de la vida en la virtud de la esperanza y de la entereza ante la adversidad, por lo que es una lectura obligada para todos los que buscan esta inspiración.

Cardenal George Jacob Koovakad

Fecha: 22 de enero de 2025

ARCHEPARCHY OF  CHANGANACHERRY

THOMAS THARAYIL
ARCHBISHOP
CHANGANACHERRY

ARCHBISHOP HOUSE
CHANGANACHERRY 686101
KERALA INDIA

Prefacio

Dado Por Arzobispo

(Esta historia se presenta en su autobiografía publicada en inglés, "Rangos y Rosarios")

Soren Kierkegaard dijo una vez: "Vives la vida mirando hacia adelante, y entiendes la vida mirando hacia atrás". En este libro, Rangos y Rosarios, el brigadier O. A. James mira hacia atrás en su vida con un corazón lleno de alegría y gratitud, e inspira a seguir su ejemplo en la valoración de la vida en su verdadero significado. Como indica el título, mientras asciende a nuevas alturas en su carrera, nunca olvida la importancia de una vida espiritual sana, especialmente al rezar el rosario, que le ha ayudado a encontrar sentido en algunos de los momentos más difíciles de su vida. La confianza en sí mismo, el trabajo arduo y la oración constante resumen su vida llena de gracia, que ha superado muchos obstáculos y sigue siendo un faro para muchos.

Nuestra experiencia muestra que, a menudo, cuando miramos hacia adelante, no sentimos mucha esperanza; pero, al mirar hacia atrás en nuestra vida, podemos reconocer la mano de Dios sosteniéndonos incluso en los llamados momentos oscuros. Cualquier persona honesta seguramente puede reconocer los pasos de Dios en su vida. Cuando se encuentra significado en cada paso de la vida, uno no necesita arrepentirse, sino que puede sentir gratitud por todo lo sucedido. No solo los episodios brillantes, sino también los oscuros; no solo los amigos, sino también los enemigos; no solo los logros, sino también los fracasos han contribuido a dar forma a nuestras vidas. Reconocemos este hecho solo en retrospectiva, y para lograr esta valiosa realización, es necesario mirar hacia atrás con oración.

Rangos y Rosarios trasciende los límites de una autobiografía, evolucionando en una crónica conmovedora que amalgama liderazgo valiente, amor tenaz, esperanza eterna y fe profunda, lista para tocar los corazones de los lectores de todo el mundo. Cada palabra atrae a los lectores, invitándolos a sumergirse en una historia de continua resistencia, lealtad inquebrantable y la profunda sabiduría adquirida durante toda una vida de servicio y reflexión.

THOMAS THARAYIL
ARZOBISPO
CHANGANACHERRY

Dado Por Sr Héctor Cueva Jácome

Profesor de Filosofía
Universidad de San Francisco,
Quito (Ecuador)

Fue una sorpresa asombrosa recibir el manuscrito de la traducción al español de la autobiografía del brigadier OA James, "Rangos y Rosarios: La última lucha de un Brigadier con el cáncer de Rashika. Me asombra verdaderamente la excepcional capacidad de esta joven, que asumió la monumental tarea de corregir y editar este inspirador trabajo. Su dedicación y habilidad reflejan su pasión por la excelencia.

En primer lugar, extiendo mis más sinceras felicitaciones al brigadier OA James por haber elegido el español como idioma para esta traducción, llevando así su notable historia a un público más amplio. Su confianza en Rashika, a quien he tenido el privilegio de conocer personalmente durante mi permanencia en la Embajada del Ecuador en Nueva Delhi, es verdaderamente encomiable.

El tema central del libro, la fe y su relevancia en el mundo moderno es profundamente provocador y crítico. La autobiografía del brigadier James no es solo una narración personal sino también un testimonio de su extraordinario liderazgo, compromiso inquebrantable y resistencia. Sus 37 años de servicio en el ejército están llenos de lecciones de valor, disciplina y dedicación desinteresada que pueden inspirar a lectores de todas las culturas.

Los capítulos que detallan su batalla contra el cáncer son particularmente conmovedores, mostrando su indomable espíritu, su fe en el Todopoderoso y el inestimable apoyo de sus seres queridos. Su esposa Mary y la Virgen María como las verdaderas heroínas de su historia, encarnando fuerza y devoción. La reverencia del brigadier James por su padre, a quien considera como su modelo de conducta, añade una capa conmovedora al libro, y su sincera dedicación a su padre lo hace aún más significativo.

La traducción al español de "Rangos y Rosarios" es una contribución excepcional a la literatura mundial. Recomiendo encarecidamente este libro a los lectores de todo el mundo. Es un viaje de fe, liderazgo y resistencia que merece un lugar en el corazón de cada lector.

Enhorabuena al brigadier James y a Rashika por este notable logro.

Un cordial saludo,

[Sr. Héctor Cueva Jácome]

[Ex Embajador de Ecuador en la India 2018-2021]

Prólogo

En mi septuagésimo cumpleaños, me encontré a bordo del crucero Caribe Real Aventura de los Mares, perdido en profundos pensamientos. La música animada llenaba el aire y el zumbido de las actividades resonaba a través de sus quince cubiertas. Mi familia y yo estábamos allí para celebrar mientras navegábamos desde el Golfo de México. En medio de la alegría, sentí una abrumadora mezcla de gratitud y reflexión.

El vaivén del barco reflejaba mi estado de ánimo; las olas parecían hacer eco de los altibajos de mi vida. El amor y el apoyo de mi padre fueron mi roca. Él me inculcó fe y perseverancia, valores que guiaron mis treinta y siete años de servicio en el ejército indio, donde llegué al rango de brigadier. En el Cuerpo de Ingeniería Electrónica y Mecánica, desempeñé un papel multifacético: gestionaba el equipamiento y mantenía la formación de combate. Colaborar con destacados oficiales y un equipo de colegas cualificados me permitió contribuir significativamente al éxito de nuestras misiones.

Mirando hacia atrás, veo que mis asignaciones en diversas ubicaciones siguieron un plan divino. Tuve la fortuna de aprender de líderes excepcionales en momentos claves

En el tapiz de mi vida, uno de los hilos más destacados ha sido mi matrimonio con Marykutty, a quien llamo cariñosamente Mary. La providencia guió nuestra unión, y desde entonces ha sido la piedra angular de mi éxito. Este año, celebramos el increíble hito de cuarenta y cinco años de matrimonio feliz y lleno de bondad. Mary ha sido una fuente constante de amor, apoyo e inspiración, dándome la fuerza y la resiliencia para enfrentar cualquier desafío.

Después de mi jubilación, mi ciudad natal me llamó. Me dediqué al servicio comunitario, a la política y a la orientación. Viajar ha enriquecido nuestras vidas, especialmente nuestras visitas a EE. UU., donde viven mi hijo Sharon y mi hija Caroline. Estos viajes no solo nos han permitido conocer otras culturas, sino que también me enseñaron sobre los sueños y comportamientos diversos de la humanidad. Ver a mis hijos adaptarse sin perder sus raíces fue una lección de resiliencia.

Hace cuatro años enfrenté un reto monumental. Un amigo médico detectó marcadores tumorales elevados durante un chequeo de rutina, lo que me llenó de miedo. Consulté en un hospital de primer nivel en Kochi, India, para recibir asesoramiento médico adicional. Tras una tomografía computarizada, el diagnóstico fue contundente: carcinoma hepatocelular, cáncer de hígado. La noticia me golpeó con la fuerza de una maza.

Mientras el barco seguía balanceándose, reflejando la turbulencia de mi vida tras el diagnóstico, pensé en la incertidumbre que pesaba sobre mí. Llamé primero a Sharon para darle la noticia, y por primera vez no pude contener las lágrimas mientras mi hijo me consolaba a la distancia. Luego llamé a Caroline, que también se angustió al oír la noticia. Sin embargo, en medio de esa agitación, encontré consuelo en un símbolo tangible de fe: el Rosario, que desde entonces ha sido mi ancla espiritual.

Mi fe inquebrantable en la Santísima Virgen María fue mi refugio en los tiempos oscuros; fue mi luz en la batalla contra el cáncer. Cada obstáculo que he enfrentado ha profundizado mi fe en ella. Le debo mucho al P. Dominic Valanmanal y al P. Daniel Poovannathil por guiar mi camino espiritual. El P. Dominic, de la diócesis de Kanjirapally en Kerala y director del Centro de Retiros Marianos en Anakkara, es conocido por su evangelización a través de los medios. El P. Daniel Poovannathil, director del Centro de Retiros del Monte Carmelo en Trivandrum, Kerala, ha dado numerosas charlas bíblicas en todo el mundo. Sus enseñanzas fortalecieron mi fe en Jesucristo, especialmente durante la crisis del COVID-19.

Las hermanas del Centro de Retiros del Monte Carmelo en Changanacherry, especialmente la hermana Teslin y la hermana Aloysius, también me brindaron consuelo y apoyo. La hermana Seline Joseph, de la Congregación de las Hermanas de los Necesitados, fue un pilar de apoyo e inspiración para mí.

Mientras el mar turbulento y el barco que se balanceaba comenzaban a calmarse, miré al vasto océano, sintiendo una profunda paz y un renovado sentido de propósito. Abrumado de gratitud, susurré una oración a la Madre María, agradeciéndole por guiarme a través de esta tormenta. "Totus Tuus María" (María, soy completamente tuyo), murmuré, con el corazón lleno de amor y devoción.

Con esperanza y determinación renovadas, miré hacia el horizonte. Lleno de gratitud y fortalecido por una presencia divina, estoy listo para embarcarme en el siguiente capítulo de este extraordinario viaje, aprovechando cada momento con valor y gracia. Que mi historia sea un testimonio del poder de la fe, el amor y el espíritu humano, e inspire a otros a enfrentar sus desafíos con la misma resistencia y determinación que me han sostenido a lo largo de mi vida.

Nota a Los Lectores

1. Las palabras resaltadas en negrita a lo largo del texto se explican en un glosario al final del libro para su comodidad.

2. Este libro es una traducción de "Rangos y Rosarios: El viaje de un soldado del campo de batalla a la batalla dentro", publicado originalmente el 15 de noviembre de 2023.

3. Se han hecho revisiones menores para mejorar el valor y la legibilidad de esta edición.

4. El libro fue traducido por la Srta. Prakrati Sengar y editado y corregido por la Srta. Rashika Gupta, ambas contribuyendo voluntariamente con sus esfuerzos.

5. Todos los ingresos del libro se dedicarán a apoyar a pacientes de cáncer.

El Principio

Ottathengumkal es el nombre de nuestra familia, una vez famosa por su opulencia y grandeza. Nuestra familia, una rama de la familia Panamkuzhackal de Kerala, fue establecida como una familia conjunta por nuestro bisabuelo, Mammen Mathai, en la década de 1880. Él tenía una vasta extensión de tierra de 1,5 acres en Puzhavathu, entre el palacio de Neerazhi y el *palacio de Lakshmipuram* en Changanacherry. Sus tres hijos, Mathew, Thomas y Devasia, heredaron su legado, llevando las fortunas de la familia a nuevas alturas. Pero con el tiempo, nuestras fortunas disminuyeron, y el nombre de la familia se acortó a Ottathengil y luego a Ottathengal.

El tío abuelo Mathew y nuestro abuelo Thomas eligieron quedarse en Changanacherry, extendieron sus campos de arrozales y abrieron tiendas en el mercado. Devasia, otro tío abuelo, tenía mayores ambiciones. Se aventuró a Mundakayam, la puerta de entrada a las zonas altas del sur de Kerala. Se convirtió en un exitoso propietario de plantaciones y joyería. Su éxito atrajo la atención de John Joseph Murphy, "el hombre de goma de Kerala". Murphy ayudó a Devasia a desarrollar su plantación. Los hijos de Mathew se unieron a Devasia en Mundakayam, mientras que Thomas y su familia permanecieron en Changanacherry. Devasia solía visitar Changanacherry de vez en cuando, viajando en *"Villu Vandi"*.

La casa familiar en el pueblo de Changanacherry fue modesta al principio. En 1908, Thomas construyó una impresionante casa de madera. La madera provenía de los bosques de Mundakayam, y las tejas del techo eran de Mangaluru (Mangalore). Al entrar a la casa, una espaciosa galería se extendía majestuosamente por la mayor parte de la casa. La terraza exhibía intrincados tallados en madera, testimonio de los artesanos locales. Esta zona servía como un espacio acogedor para reuniones y relajación. Una plataforma de madera elevada, conocida como *'Pathayam'*, se encontraba en el extremo sur de la terraza. A una altura cómoda para dormir, funcionaba como un granero y una cama para los huéspedes, mostrando la inventiva de la familia y su cálida hospitalidad. La arquitectura del techo era una reminiscencia de los antiguos templos hindúes, destacando la reverencia de la familia por la tradición.

Junto a la **galería/veranda**, al norte, se encontraba la cocina, el centro de la actividad donde nuestras abuelas reinaban supremas. En el centro de la casa estaba el granero principal, lleno de arroz suficiente para mantener a la familia durante todo un año. Debajo del granero había un depósito subterráneo, una cámara secreta que conservaba una abundancia de cocos y otros productos agrícolas. La casa tenía tres dormitorios, una gran estructura que se alzaba alta y orgullosa, un símbolo de la prosperidad de nuestra familia cuando esos lujos eran escasos.

Sin embargo, la familia enfrentó problemas cuando Devasia recurrió a medios ilegales para alcanzar su riqueza y poder. Sus actividades ilegales dieron lugar a una batalla judicial y la confiscación por parte del Estado de su propiedad y casa en *Mundakayam* en 1936. El fallecimiento de nuestra amada abuela durante este difícil momento también afectó a la familia.

Los miembros de la familia reconstruyeron sus vidas, buscando trabajo y sustento en lugares distantes. Thomas, un pilar de fuerza, tomó prestado de la familia Paikkadan para luchar en la batalla legal. Hipotecó toda la extensión de 1,5 acres de tierra y nuestra casa en Changanacherry. Lamentablemente, él murió después de luchar durante casi 4 años en 1940. A pesar de ello, su resiliencia y determinación siguen siendo una inspiración.

Este difícil período le dio a la familia una valiosa comprensión de la integridad, la conducta ética, la prudencia financiera y la importancia de la diligencia y la determinación en la superación de obstáculos. La familia emergió triunfante de la adversidad y se jacta de su tenacidad y perseverancia. Todos los miembros valoran la sabiduría que han adquirido y están decididos a transmitir estas lecciones a la siguiente generación.

Mi padre, O.T. Antony, era el segundo hijo de Thomas. Tenía dos hermanas mayores. Ambas hermanas dejaron sus estudios y se quedaron en la finca de Mundakayam con su tía abuela. Regresaron a Changanacherry después de la tragedia. A pesar de la indiscutible brillantez de su hermano mayor como estudiante, mi padre dejó sus estudios para dedicarse a la sastrería después de la muerte de su abuelo Thomas.

Mientras tanto, mi padre perseveró durante tres años más hasta que cumplió 21 años, cuando se fue a Mumbai con una pequeña suma de dinero y algunos compañeros en busca de empleo. Durante tres largos meses, recorrió la ciudad. Su búsqueda fue infructuosa, y regresó a su hogar; el único resultado positivo fue que aprendió a hablar hindi. Finalmente, su hermano le sugirió que se uniera a él en la sastrería. Con renuencia, mi padre aceptó. Era más bien un suplente para el hermano mayor, que se llamaba 'Perappan' en malayalam, el idioma que hablamos en Kerala, y su esposa se llamaba 'Peramma'.

A pesar de las difíciles circunstancias, mi padre aprovechó la oportunidad para dedicar sus horas libres a leer y perfeccionar sus habilidades de escritura. Su afición por la literatura malayalam lo motivó a frecuentar varias bibliotecas. Eventualmente, se convirtió en un autor publicado de cuentos cortos en revistas destacadas de malayalam y el suplemento dominical del periódico Deepika. Durante mis días de escuela, recuerdo vívidamente la representación de uno de sus dramas titulado 'Atom Bomb' con mis amigos.

En 1946, a los 25 años, mi padre se casó con mi madre, Thresiamma. Ella tenía solo 16 años. Cariñosamente conocida como Tharamma, nació en la familia Thevalakkara. Vivían cerca de la casa de Ottathengil. Mis abuelas maternas estaban más que felices de dar su hija en matrimonio a Antony, mi padre, ya que conocían bien a la familia.

La casa de Ottathengil tenía el título de propiedad, pero las leyes de desalojo protegían a los ocupantes. Permitimos que tres familias vivieran sin pagar alquiler en nuestra propiedad. Les permitimos hacer un corte en forma de V en el muro de ladrillo de 135 metros de nuestra casa como entrada para estas familias. Perappan, el primogénito, recuperó la casa y parte de la tierra pagando a la familia Champakulam. Pero mi padre quería quedarse. Después de discutir, Perappan estuvo de acuerdo en vender la propiedad a mi padre por 6.000 rupias. Corto de 500 rupias, mi padre recibió ayuda de sus parientes para comprarla. Mi padre dio parte de la tierra a los vecinos para eliminar el corte en forma de V en la pared de ladrillo y ensanchar la carretera de entrada. Mi hermano mayor, O.A. Thomas, nació en 1950. Yo nací el 21 de marzo de 1953 (Meenam 7 en el calendario malayalam), y mi hermano menor, O.A. Mathew, nació en 1956.

Mi padre seguía una rutina diaria, y verlo pasar su día era reconfortante. Se despertaba temprano y a las 9 de la mañana se iba a trabajar. Siempre llevaba su tiffin, y nosotros le llevábamos comida caliente los días que no íbamos a la escuela.

Mi padre volvía a casa a las 7 de la tarde y tenía una manera única de anunciar su llegada. Regresaba a casa con sus amigos desde el mercado y se paraba enfrente de nuestra residencia, donde charlaban un rato antes de entrar. Su risa era sonora y su conversación jovial. Aún recuerdo el sonido de su voz resonando por toda la casa. Fumaba beedies (cigarrillos liados a mano), pero se abstenía de beber alcohol. Cuando volvía a casa, mi madre siempre estaba preparada con agua caliente para él. Posteriormente, se cambiaba de su largo 'kurta y mundu' blanco a un 'lungi' (una kurta es una forma de camisa larga, y 'mundu' y 'lungi' son telas tradicionales que usan los hombres, las cuales se envuelven alrededor de la cintura y se extienden hasta los tobillos) y se bañaba. Esto marcaba el comienzo de nuestras oraciones vespertinas, y mi padre se unía a nosotros tan pronto como terminaba de bañarse. Después, nuestra familia se reunía para cenar, y la mesa se convertía en un lugar de conversación y risas. Tenía la costumbre de hacernos preguntas en la mesa sobre conocimientos generales.

Éramos una familia feliz y podíamos compartir nuestras tristezas y alegrías. Orábamos diariamente, pidiendo a Dios que bendijera a mi padre con estabilidad económica. Yo le miraba los bolsillos cuando iba a bañarse, y un día vi que apenas tenía dinero. Me sentí triste, pero nunca se lo dije a nadie. Amaba a mi padre, y

él me amaba también. Era mi héroe, y siempre estaré agradecido por el amor y la guía que me dio. Mis hijos también lo adoran como un héroe.

La fortaleza y resistencia demostrada por mi madre, Thresiamma, me llenan de gratitud. Su viaje como una joven novia que enfrentó los desafíos del parto y asumió el papel de asistente de Peramma ha sido igualmente digno de crédito. Su espíritu, altruismo, calidez y perseverancia han sido una inspiración. Incluso a los 93 años, sigue siendo el tesoro de nuestra familia. Tristemente, los estragos del tiempo han oscurecido sus recuerdos, y ya no recuerda el pasado.

Mis padres me inscribieron en la cercana escuela primaria del gobierno en primer grado cuando tenía cuatro años. Mi uniforme escolar consistía en pantalones cortos con tirantes, pero no llevaba ropa interior, camisa ni *chappal*. Nadie lo consideró inapropiado o inusual. La escuela era mixta. Las niñas llevaban faldas y blusas. Al año siguiente, el código de vestimenta se actualizó, y se exigió que los niños usaran camisas. Mi rendimiento académico fue impresionante. Siempre me clasifiqué primero en mi clase, con notas completas en matemáticas. Mis profesores estaban contentos con mi rendimiento, y mis padres estaban encantados.

Cuando estaba en cuarto grado, mi maestro de clase, Padmanabhan Sir, me pidió que diera un discurso de felicitación como representante estudiantil en la función anual del día de la escuela. Mi padre vio esto como una oportunidad para enseñarme habilidades de hablar en público. Mi padre compuso todo el discurso para la función. Memoricé el discurso y lo practiqué varias veces. Comencé bien mi discurso, pero hacia el final olvidé el guion y me quedé sin palabras, de pie en silencio frente al público durante un minuto. Finalmente dejé el escenario avergonzado, con lágrimas en los ojos. Padmanabhan Sir más tarde me hizo el secretario de la clase.

Esta práctica oratoria continuó en nuestra casa durante varios años, con mi padre y mis dos hermanos como audiencia. Me presentaba a diversos temas y la mayoría de las veces escribía el guion. Mi tarea era memorizar y dar el discurso con la modulación apropiada y los gestos. Además, me enseñaba gestos apropiados, modulación de voz y otras habilidades matizadas.

Durante estas sesiones de práctica oratoria, adquirí gran parte de mis conocimientos generales y aprendí frases como "el imperio donde el sol nunca se pone", a menudo utilizada para describir el Imperio Británico. También aprendí el término *"fakir semidesnudo"*, que supuestamente fue utilizado por el primer ministro británico Winston Churchill para burlarse y menospreciar a Mahatma Gandhi durante la lucha de la India por la independencia del dominio británico. Muchos otros términos y frases que aprendí durante esos días fueron útiles en muchas competiciones de habla más tarde en la escuela y la universidad.

Al final de ese año académico, tuve que despedirme de la escuela primaria y pasar a la secundaria. Cuando mi padre fue a recoger mi certificado de transferencia, la directora, la Sra. Bharatiamma, me aconsejó que me uniera a la escuela secundaria St. Resultó ser un momento crucial en mi vida. No me di cuenta de ello entonces. Mirando hacia atrás, lo veo como una intervención divina que me llevó a donde estoy hoy.

En 1961, me uní al segundo grupo de inglés medio de la escuela secundaria S.B. como estudiante de sexto grado. El hermano menor de mi padre, 'Appappan', me llevó para la admisión y llenó el formulario. Fue aquí donde me transformé. Tuve que adaptarme rápidamente del ambiente relajado de una escuela pública a un entorno más formal, disciplinado, educativo y exigente. Cada estudiante era igual o más brillante. La arquitectura colonial, las aulas de madera, la hermosa escalera y la calle de entrada de cien metros de largo y quince de ancho, alineada con árboles Ashoka que ondeaban al viento, fueron inspiradores y motivadores.

Mi padre se interesó mucho por mis estudios, y mi madre solía preparar café negro y dármelo por la noche, especialmente durante los exámenes. Muchos días, solían estar despiertos y hacerme compañía. Estuve entre los quince mejores, a diferencia de mi anterior colegio, donde yo era el alumno más destacado; aquí, muchos otros también eran estrellas. Muchos de ellos provenían de familias acomodadas. Algunos eran guapos, con un cutis envidiable. Tenía una complexión delgada y un rostro mediano con una estatura baja. Siempre me sentaba en la primera fila.

Teníamos un comedor ubicado debajo de nuestra clase. Se construyeron plataformas cimentadas, de aproximadamente dos pies de ancho y tres pies de alto, a lo largo de la pared en todos los lados para servir como mesas para nuestras cajas de almuerzo, donde nos parábamos y comíamos.

Pathrose, un individuo diligente, recogía almuerzos de las casas vecinas para aproximadamente veinte estudiantes. Balanceando una cesta de tamaño considerable sobre su cabeza, transportaba las comidas a la escuela. Situado en la esquina del terreno adyacente al comedor, nos distribuía estas comidas durante el almuerzo. Le teníamos una inmensa reverencia y le pagábamos mensualmente por sus servicios. En los casos en que no pudo asistir, ideamos arreglos alternativos. En esas ocasiones, acompañé a mi primo MJ James a su casa para almorzar.

Como mi rendimiento académico mejoró año tras año, los acontecimientos mundiales y nacionales que nos rodeaban también influyeron significativamente en mis perspectivas. Mi vida escolar era, en muchos sentidos, un microcosmos del clima sociopolítico más significativo de la época.

En mis años escolares, dos guerras importantes sacudieron a nuestra nación: la guerra de 1962 con China y la guerra de 1965 con Pakistán. En la cena, mi padre nos informaba sobre estos conflictos. Esas comidas no eran solo sobre comida; se convirtieron en lecciones de historia y política. Compartiría historias apasionantes de la Segunda Guerra Mundial y de la lucha de la India por la independencia. Hablaba fervientemente de nuestros héroes nacionales, detallando sus sacrificios por la India.

Lal Bahadur Shastri lideró nuestra nación durante la guerra de 1965 con Pakistán. El país se enfrentaba al caos, pero su lema "Jai Jawan Jai Kisan" nos mantenía animados. La gente se apresuraba a alistarse en el ejército. Las mujeres aprendieron a manejar rifles. El Cuerpo de Cadetes Nacionales se convirtió en un elemento básico en las universidades. Bollywood también jugó su papel. El "Aye Mere Watan Ke Logo" de Lata Mangeshkar cautivó nuestros corazones. Iconos del cine como Dilip Kumar, Raj Kapoor y Meenakumari movilizaron a nuestros soldados. De niños, nunca apreciamos lo suficiente a nuestros soldados. Gracias a ellos, celebramos la victoria en 1965. Los relatos de mi padre hicieron que la historia cobrara vida para mí. Admiraba a nuestros líderes nacionales: Mahatma Gandhi, Nehru, Subhash Chandra Bose y Sardar Vallabhbhai Patel. Sus fotos adornaban nuestras paredes y sus sacrificios me hicieron sentir orgulloso. Aquellos tiempos difíciles y la sabiduría de mi padre dieron forma a quien soy hoy. Nuestras lecciones se extendieron más allá de los libros de texto, enseñándonos las habilidades vitales e invaluables de la resistencia y la determinación e inculcándonos el orgullo nacionalista.

En medio de los tumultuosos acontecimientos nacionales y nuestra resistencia colectiva durante la agresión china y paquistaní, una clase diferente de revolución ocurrió más cerca de casa. Nuestra comunidad se volvió hacia la unidad y la resolución proactiva de problemas durante estos tiempos difíciles, reflejando el espíritu nacional

Una iniciativa importante en la que participaron mi padre y la sociedad fue la creación de un Centro de Bienestar Social centrado en el desarrollo de la comunidad. Mi padre, O.T. Antony, se ofreció voluntario para donar terrenos para construir el Centro de Bienestar Social en nuestra casa. El centro ofrecía diversos servicios y actividades, como guardería, preescolar y clases regulares para otros niños.

Las melifluas sílabas "***sollukattu***", "tha", "dhi", "thom" y "tharikita" de la danza bharatanatyam, enseñadas en el Centro, resuenan persistentemente en mi memoria. Estos elementos de percusión sinergizan elegantemente con los movimientos de las bailarinas, creando complejos patrones rítmicos. Las chicas de diversos orígenes religiosos asistieron a estas clases, y estas clases de baile se llevaban a cabo en un salón abierto, lo que me permitió observar desde casa.

El centro de bienestar también fue un lugar donde mis habilidades oratorias fueron pulidas. Recibí una invitación para dar discursos en todas las funciones importantes, como el Día de la Independencia. Recuerdo que tuve que ir a cuatro lugares el 15 de agosto: el Club Paraíso en Angady, la Asociación de Jóvenes Musulmanes en Hidayat Nagar y una reunión de la iglesia al lado del Centro de Bienestar Social en mi casa. Así, dar discursos se convirtió en una pasión para mí. Empecé a amar el micrófono y el escenario. Mi padre siempre redactaba los guiones de mis discursos, y su hábil uso del lenguaje me dejó una impresión duradera. Hasta el día de hoy, todavía puedo recordar algunas de las líneas iniciales elocuentes que compuso. Su proeza literaria fue verdaderamente notable.

Con el tiempo, disfruté hacer amigos increíbles en la escuela. Han sido una presencia constante en mi vida. Han logrado cosas notables en sus respectivos campos, y me siento orgulloso de tenerlos como amigos.

También debo mencionar a nuestro increíble equipo de maestros que dieron forma significativa a nuestras vidas. George Sir, nuestro maestro de décimo grado, era un excepcional profesor de inglés que frecuentemente me regañaba por llegar tarde. El Sr. Karingada, que nos enseñó Ciencias, siempre estaba alegre y bien informado. Abraham Sir, el profesor de malayalam, y Iyer Sir y Thomas Sir, que nos enseñaron matemáticas, fueron algunos de los mejores profesores de la escuela. Gracias a sus esfuerzos, mi gráfico de rendimiento tuvo una trayectoria ascendente, mejorando con cada año que pasaba.

Recuerdo vívidamente, el 6 de junio de 1966, mientras escribía la fecha en mi cuaderno para un trabajo, dije una pequeña oración a Dios: "Dios, por favor cuida de mí. ¿Qué seré el 7/7/77?" Con el apoyo de mis amigos y maestros, pude alcanzar mis metas y hacer una vida exitosa.

En 1966, durante mi examen final de décimo, mi amigo K.V. John pasaría por la tienda de mi padre después de cada examen, mostrándole el papel de preguntas. Habiendo seguido mis estudios de cerca, mi padre podía adivinar mis respuestas viendo las preguntas. Esto mostró su profundo entendimiento de mi preparación. Aunque predijo que yo ganaría 425 puntos, solo conseguí 419 de 600. En mi época, conseguir el 70 por ciento en los exámenes de la junta era bastante difícil, y un 80 por ciento a menudo significaba que uno era el mejor estudiante del estado, a diferencia de la calificación más fácil hoy en día.

Al final, obtuve una beca del gobierno para estudios superiores y terminé quinto en la clasificación general de la escuela.

Mirando hacia atrás, veo una mezcla de experiencias que han dado forma a lo que soy. Durante los tiempos difíciles, me aferré a valores como el trabajo duro, la lealtad y la perseverancia. Mis éxitos académicos no son solo míos; vienen de la orientación y el estímulo de mi padre y de mi comunidad. Mi identidad es una mezcla de historias sobre héroes nacionales y campeones locales. Mi viaje me ha enseñado el mundo más allá de los libros de texto, me ha dotado de aptitudes interpersonales, conciencia cultural e inteligencia emocional. Me ha dado la mentalidad necesaria para seguir aprendiendo.

La Mano Invisible de Dios

En 1967, comencé mis estudios en el Instituto St. Berchmans (S.B.), Changanacherry. Soñaba con ser médico. Tomé clases de biología y trabajé duro. Pero las cosas no salieron como había planeado. No conseguí plaza en el curso de Medicina y me sentí triste. Perseveré y me concentré en la Química como asignatura principal de la licenciatura, con Matemáticas y Física como asignaturas secundarias. Había obtenido un 90 por ciento de notas en química y, por tanto, era la opción.

Tener éxito en Matemáticas me parecía un reto, dado que no las había estudiado en la universidad. Sin embargo, a pesar de la ansiedad que se avecinaba, mis actividades extracurriculares prosperaban. Era un miembro activo del club de debate de inglés. También fui secretario de la Asociación Inglesa. También me presenté a la Unión Universitaria como secretario del Club de las Artes, pero perdí por unos pocos votos.

Además, fui secretario de la Unión de Estudiantes de Kerala (KSU), un ala estudiantil del Congreso Nacional Indio en el instituto S.B. Ocupé varios cargos directivos en la Iglesia, como el de secretario de la Sociedad Vicente de Paúl, de la Liga Misionera y de la Organización Juvenil. Todas estas responsabilidades me mantenían zumbando como una abeja, operando febrilmente. En medio de este torbellino de actividades, el destino se dio vuelta. Una oportunidad que podría cambiar mi vida para siempre.

Un día fortuito, mientras dormía en la casa de mi primo y compañero de clase, MJ James, nuestra conversación tomó un giro inesperado. Me preguntó sobre mi futuro mientras estábamos en la simple comodidad de nuestras camas improvisadas.

"Tengo la intención de presentarme al examen de los servicios públicos", le dije, en la silenciosa habitación.

En silencio, se levantó y rebuscó entre sus cosas antes de recuperar un documento.

"Esto podría interesarte", dijo, al desplegar un formulario de solicitud de la UPSC para ingresar en la Academia Militar de la India. "El salario es bastante bueno."

Perplejo, le pregunté: "¿Pero no vas a usar esto?"

Sacudió la cabeza, una sensación de paz lavando sobre sus rasgos.

"No, he elegido un camino diferente. Estoy entrando en el seminario para ser sacerdote. Puedes tomar mi formulario", concluyó, con un aire de finalidad en su voz.

Así que decidí intentarlo. Tomé mi examen en Thiruvananthapuram. Afortunadamente, aprobé el examen antes de que pudiera absorber completamente la información y pasé una rigurosa entrevista de cinco días con la Junta de Selección de Servicios (SSB) en Jabalpur. Luego me sometí a un examen médico de cinco días y, a los diecisiete años y medio, fui seleccionado para la Academia Militar de la India (IMA).

Mi madre dudó en enviarme a esa edad, porque ninguno de nosotros sabía lo que me esperaba. Sin embargo, al ver a los otros candidatos en el tablero de entrevistas y conocer sus antecedentes, estaba seguro de que mi profesión elegida era noble. De hecho, la Mano Invisible de Dios me guió en cada paso del camino. Así empezó mi viaje por la vida.

Después de viajar durante cinco días y subir a trenes en cuatro estaciones diferentes, finalmente llegué a Dehradun, una pintoresca ciudad en las estribaciones del Gran Himalaya. Con el recuerdo de la despedida llorosa de mi padre aún fresco en mi mente, me acerqué a las puertas de la Academia Militar de la India con inquietud y fervientes oraciones.

Recuerdos de la Academia Militar de la India

La Academia Militar de la India es una de las mejores instituciones militares del mundo, donde todo se mueve con precisión en el sentido de las agujas del reloj. La Academia transforma a los muchachos en caballeros entusiastas y seguros de sí mismos, con fuego en el vientre y una visión romántica de una gran nación. En el frío invierno de 1971, el 16 de enero, un ingenuo muchacho de la ciudad india de Changanacherry se aventuró valientemente hacia un universo desconocido: las grandes puertas de la Academia Militar de la India. Era un mundo extraño; el lenguaje, la vestimenta, la comida y el ethos cultural, todo era extranjero. Sin embargo, la oportunidad de ser un lienzo para que la Academia me moldeara era una perspectiva emocionante.

Al llegar, me asignaron a la Compañía Sinhgarh. Mi habitación estaba al lado de Arun Khetrapal, el Oficial Subalterno Superior (SUO) destinado a convertirse en una leyenda. Arun recibiría más tarde la Param Vir Chakra a título póstumo por su valor heroico más allá del deber durante la guerra de 1971 con Pakistán. El primer día, me pidió a mí y a los compañeros de los Caballeros Cadetes (GC)

Nand Kishore, Williams y Anil Wason que nos sentáramos debajo de su mesa de estudio. Fue un incidente muy gracioso. (Nand Kishore más tarde se convirtió en Teniente General, y todos los demás se convirtieron en Brigadieres. Hemos perdido a Williams hace unos días). Ocasionalmente, solía traer la espada de Arun del **Kote.** Arun siempre estaba alegre, animado, enérgico y vibrante. Recuerdo su radiante y resplandeciente rostro cuando recibió el Poona Horse (un regimiento blindado). Nuestro sargento mayor de compañía (CSM) era N J Nair. Popularmente conocido como N J, el coronel Neelakantan Jayachandran Nair es la única persona en el ejército indio que ha sido galardonada con los honores militares más altos y los segundos más altos durante tiempos de paz por su valentía más allá de lo evidente, incluso en la cara del enemigo (Ashok Chakra (póstumo) y Kirti Chakra). Los recuerdos de estos dos valientes corazones siempre serán sagrados.

La Compañía Sinhgarh 1971

El entrenamiento en la Academia Militar de la India (IMA) fue una montaña rusa de desafíos físicos y mentales. Las extensas marchas de ruta fueron algunas de las más difíciles que enfrenté. Solo pesaba cuarenta y siete kilos y tenía que cargar con un equipo casi tan pesado como el de un niño pequeño. Llevaba una ametralladora ligera (LMG) y un uniforme de batalla que pesaba unos treinta y cinco kg. ¡Me sentí como si llevara a un panda juguetón en mi espalda durante toda la marcha! Estas marchas no eran simplemente pruebas físicas; perfeccionaron nuestra resistencia, disciplina y moral, formándonos en futuros guerreros.

Durante el riguroso entrenamiento, uno de los ejercicios más desconcertantes que encontré fue acertadamente llamado "Gran Escape". En este ejercicio, nos vendaron los ojos, nos metieron en un vehículo de transporte y luego nos dejaron en un lugar desconocido a unos treinta kilómetros de distancia, en un denso bosque. El objetivo era navegar de vuelta a la base usando simplemente una brújula, nuestras arraigadas habilidades de supervivencia y la tenue luz de las estrellas en una noche sin luna. Estos ejercicios, aunque intimidantes, mejoraron significativamente nuestras habilidades de supervivencia y fortalecieron nuestra resistencia. IMA diseñó este ejercicio para prepararnos para una posible fuga del cautiverio enemigo e inculcarnos la capacidad de confiar en nuestros instintos y entrenamiento cuando nos enfrentamos a lo desconocido.

La guerra en las selvas y las montañas fueron importantes ejercicios de adiestramiento realizados en la Academia Militar de la India (IMA). Durante estos ejercicios, cavamos trincheras, instalamos tiendas de campaña, armamos instalaciones para cocinar y organizamos la defensa del perímetro. Además, se permitió a los cadetes caballeros (GC) dar órdenes verbales y asumir el papel de comandantes de pelotón. El ***personal directivo*** (DS) evaluó el desempeño de los cadetes en todos estos campamentos.

Dormir era un lujo que rara vez podíamos permitirnos. El fenómeno de "caminar y dormir" se convirtió en nuestro truco de supervivencia, donde aprovechábamos pequeños micro-sueños mientras marchábamos. Esta rutina llevó a algunas situaciones bastante humorísticas. Recuerdo una vez, durante un ejercicio de guerra en la selva, que estaba tan agotado por una larga marcha bajo la lluvia que me quedé dormido en el suelo, solo con mi equipo para la lluvia, mientras los demás cadetes se ocupaban de montar el campamento.

Por duro que fuera, este régimen agotador en la IMA nos transformó en oficiales militares disciplinados, resistentes y adaptables, listos para servir y proteger a nuestra nación bajo cualquier circunstancia.

En medio de todo este riguroso entrenamiento, y bajo la "Mano Invisible de Dios", junto con las oraciones de mis padres, me transformé de un joven desgarbado a un soldado endurecido. Recuerdo las caras de todos mis amigos que me ayudaron a llevar el LMG durante las marchas de ruta, especialmente el fallecido Brigadier Williams y el coronel Rana. Recuerdo la aparición del difunto coronel Fate Singh, quien, en lugar de atender mi solicitud de un puñetazo falso durante nuestro combate de boxeo, me dio uno real que me rompió los dientes.

Durante mi tiempo en la Academia Militar de la India (IMA), en medio de una rigurosa capacitación y experiencias transformadoras, algunos momentos se desarrollaron más allá de los confines de la Academia. Cuando los descansos entre términos lanzaban su suave hechizo, un tipo diferente de aventura se presentaba: los viajes en tren que tallaban recuerdos inolvidables. Los pasillos se transformaban en nuestra escena durante el viaje de cuatro noches y cinco días en tren con destino a Kerala. Mientras el motor tarareaba y las vías del tren resonaban rítmicamente, nos rompíamos en canciones, nuestras voces llenando los vagones, para la diversión (y a veces irritación) de otros pasajeros. Los frenéticos juegos de cartas salpicaban estas sesiones, con las apuestas aumentando a medida que el viaje continuaba.

Las reservas de asientos eran una rareza, pero eso no nos disuadió. Nos amontonamos en los coches de primera clase, transformando el compartimento en nuestro pequeño refugio. Algunos tuvimos el lujo de dormir en literas, mientras que otros hicieron del piso su hogar, extendiendo sus camas.

Cada parada era una celebración, una oportunidad para salir a las plataformas, estirar nuestras piernas apretadas, compartir risas y buscar delicias locales para saciar nuestros antojos. Nuestro gran y ruidoso grupo, con nuestros distintivos cortes de tripulación, era difícil de no notar. El personal del tren nos trató con una paciencia afectuosa, entendiendo nuestra emoción por regresar a casa.

Cuando nos acercamos a Kerala, nuestra emoción aumentó. El aire mismo cambió, volviéndose más fresco y llevando consigo los aromas familiares de casa. Nos reuníamos junto a las puertas para contemplar el exuberante paisaje verde que pasaba a nuestro lado, hipnotizándonos con su belleza. El contraste con Tamil Nadu era palpable, marcado por un denso y verde lienzo salpicado de ríos resplandecientes, lagos serenos, tráfico bullicioso en las carreteras y casas bellamente construidas.

Estos intervalos de descanso se entrelazaban con el entrenamiento, interrumpiendo la cadencia de la disciplina y el orden. Eran ventanas al mundo exterior que me alejaban de los sagrados terrenos del IMA. A su manera, se convirtieron en parte de mi narrativa, ampliando mis horizontes y tejiendo nuevos capítulos de crecimiento y descubrimiento.

Un serafín en la Sombría Soledad

En julio de 1971, después de mi descanso de cuatro semanas en casa, me embarqué en un tren local desde Changanacherry hasta Ernakulam y luego, desde allí, tomé el Chennai Express, con la intención de cambiar de tren en Chennai para llegar a Nueva Delhi y regresar a la IMA, Dehradun. Sin embargo, cuando llegué a Aarkonam, cerca de Chennai, mis amigos se dieron cuenta de que había contraído la varicela. Con mi equipaje a cuestas, un amigo y yo bajamos del tren y tomamos uno local hacia Avadi. En el Hospital Militar, me ingresaron en la sala de aislamiento. Los días se volvieron borrosos a medida que las marcas de viruela se extendían, cubriendo mi cuerpo y rostro. Me encontré en el corazón de la soledad, en el pabellón de aislamiento, agobiado por la enfermedad y la desolación del lugar.

Cada mañana, un médico hacía rondas y revisaba mi historial médico. Los asistentes solían servir la comida. Las noches eran misteriosamente silenciosas, creando una atmósfera inquietante que se sentía como un cementerio desierto.

Ocasionalmente, una oficial de enfermería militar venía a ver cómo estaba. Entre ellas, una llamada Pauly se destacaba. El capitán Pauly, una mujer de hermosura exuberante, rompió valientemente la barrera del aislamiento y aplicó la loción de calamina y otras pomadas en mi piel marcada por la viruela para calmar la picazón y reducir la inflamación.

En un día particularmente difícil, cuando la soledad me había abrumado hasta las lágrimas, me ofreció una pluma y una carta que decía: "¿Por qué no escribes a tus padres en Changanacherry, Kerala?", sugirió suavemente. La calidez y la empatía en sus palabras se sentían como un abrazo reconfortante de una hermana mayor.

El carisma cautivador de Pauly, su actitud gentil, la gracia de sus movimientos, la luminosidad de su sonrisa y los hoyuelos que aparecían cuando sonreía, añadiendo un encanto exquisito a su rostro, permanecen grabados en mi memoria. Incluso después de medio siglo, la imagen de Pauly sigue siendo tan vívida como siempre. Para el yo de dieciocho años, ella fue nada menos que un ángel durante ese tiempo tan difícil.

Sin embargo, una preocupación desalentadora arrojó una sombra sobre estos momentos de consuelo. Según las reglas de la IMA, si un cadete se ausentaba por más de veintiún días, debía repetir todo el período. Temeroso de tal revés, le rogué a Pauly que me ayudara a obtener una licencia antes del límite de 21 días. Ella prometió hacer todo lo posible, y cumplió su promesa.

Tras recibir el alta, conseguí una reserva en un tren a Nueva Delhi a través de la **Oficina de Control de Tráfico** (MCO). Conseguir una reserva de tren de Nueva Delhi a Dehradun fue todo un reto, lo que me llevó a viajar en una noche fría, sin ropa adecuaHda, en un compartimento general. A mi llegada, me metieron inmediatamente en un desfile nocturno, que duró hasta las 2 de la madrugada, exponiéndome al duro frío nocturno de Dehradun.

Mi cuerpo, ya debilitado, sucumbió a una fiebre alta, que llevó a una recaída severa. Por la tarde, otros GCs me llevaron al Hospital de Sección dentro del complejo IMA. Pero al anochecer, con mi temperatura subiendo a 105, fui llevado de urgencia al hospital militar más grande en Dehradun.

El Hospital Militar era de alta tecnología, con instalaciones superiores y mejor preparado para manejar mi condición. El entorno era reconfortante, con excelente comida y hermosos jardines donde podía disfrutar del sol matutino. El respeto y la amabilidad demostrados por los oficiales, médicos y enfermeras militares, junto con las comodidades de cinco estrellas, me ayudaron a recuperarme completamente en diez días. Volví a la IMA para continuar mi formación.

A lo largo de este desafiante viaje, los recuerdos de Pauly, mi ángel en la sala de aislamiento, han permanecido como una parte querida de mi vida.

Al salir de mi receso de verano, marcado por un inesperado brote de enfermedad y una amistad notable que desafiaba los límites de una sala de hospital, no podía haber imaginado lo que me esperaba. El siguiente término se avanzó rápidamente, culminando en la intensa guerra indo-pakistaní de 1971.

Nunca olvidaré ese día en la IMA. Comenzó como cualquier otro, pero hubo momentos que cambiaron nuestras vidas. Los oradores de la lista de llamadas hicieron un anuncio, confirmando los susurros que nos rodeaban. Pakistán había declarado la guerra. Esas palabras cambiaron nuestra realidad de ejercicios teóricos a peligro tangible. Nos esforzamos por oscurecer nuestras ventanas en minutos, ejecutando los ejercicios de alerta que habíamos entrenado, pero que esperábamos nunca tener que usar. Aviones de combate rugieron por encima, reemplazando los sonidos generalmente reconfortantes del cielo amistoso con duros recordatorios de nuestro inminente conflicto.

Aunque la situación era difícil, el entrenamiento recibido en la IMA nos mantuvo animados y centrados. Anunciaron que nos reuniríamos en el campo de maniobras a las 05:30 horas, con la vestimenta completa, armas y municiones. Esa noche, apenas dormimos.

Todos los oficiales de la IMA, sin importar su rango o estatus, marcharon con nosotros. Nos movíamos como una unidad, simbolizando nuestra solidaridad inquebrantable y nuestra disposición para enfrentar lo que nos esperaba. Nuestra camaradería compartida alivió un poco la dificultad de la tarea, ya que todos comprendimos el cansancio y las preocupaciones del otro sin necesidad de hablar.

Un almuerzo de la compra fue nuestro único respiro durante ese día de trabajo. Volvimos a la Academia a las 4 p.m. Estábamos cansados, pero la tensión erapalpable, y perseveramos. Nuestra formación en la IMA nos había preparado para momentos como este, momentos en los que nuestra nación nos llamaría a defender sus valores y seguridad. Estábamos listos. Estábamos unidos. Éramos los cadetes y oficiales de la Academia Militar de la India.

En una maniobra asombrosamente rápida, el ejército indio descendió sobre Dacca, la capital. Su calculado movimiento fue tan repentino como decisivo, tomando el control de la ciudad con notable eficacia. Fue un impresionante despliegue de estrategia y ejecución que dio lugar a un acontecimiento sin precedentes: 90.000 soldados pakistaníes depusieron las armas y se rindieron a las fuerzas indias. La guerra había llegado a su clímax, y el resonante eco de esta rendición señaló su final. La IMA declaró el receso para todos nosotros

Mi viaje en tren más notable ocurrió en diciembre de 1971, cuando estaba en ruta a mi ciudad natal, Changanacherry. Fue durante mi receso de la IMA en Dehradun. Este período fue monumental en la historia de la India, ya que el ejército indio acababa de ganar una victoria decisiva en la guerra indo-pakistaní. Fue un momento de orgullo nacional, y nuestro descanso coincidió con este período de júbilo. Nos aconsejaron a nosotros, los cadetes, que viajáramos con nuestros uniformes de la academia.

La victoria provocó una celebración nacional, con un respeto por nuestras fuerzas de defensa que alcanzó un máximo histórico. Todas las estaciones de ferrocarril estaban dispuestas a dar una cálida bienvenida a nuestros valientes soldados, especialmente en el norte de la India, donde prevalecía un ambiente festivo.

Las mujeres desempeñaron un papel importante en estas celebraciones, mostrando su profunda gratitud y respeto por los soldados. Ataron 'rakhi' a las muñecas de los soldados, un hilo tradicional que simboliza la protección, similar a un vínculo hermano-hermana, y aplicaron 'sindoor', un polvo rojo de bermellón, en sus frentes como símbolo de victoria y honor.

Como estábamos en nuestros uniformes, también fuimos tratados con este inmenso honor y calidez. En cada estación, las jóvenes me ataron 'rakhis' a la muñeca y me aplicaron 'sindoor' en la frente, honrándome como a cualquier otro soldado. Cómo desearía tener una cámara para preservar esos momentos extraordinarios. Fue un período de intensa emoción y orgullo, una experiencia que permanece grabada en mi memoria.

Nuestros días pasaron sin descanso. Nuestras noches se alargaron. Historias del ***Mayor Hoshiar Singh*** otro receptor del PVC, nos mantuvieron despiertos. Era nuestro comandante de compañía después de la guerra. Solía venir a nuestros cuarteles pasada la medianoche y nos hacía reunirnos en túnicas. Nos encargó un ataque simulado contra una aeronave en el terreno D'Bn durante una de esas sesiones.

En el incidente, preguntó: "¿Quiénes son los GC sobre las restricciones?" Algunos de nosotros levantamos la mano. Entonces nos dio una tarea. "Bien, GC. Su objetivo para el ataque es la aeronave mantenida en el 'D Bn'", anunció, nombrando un comandante de sección.

Continuó: "comandante de sección, preparar órdenes para el ataque". Luego, el oficial subalterno superior (SUO) preguntó: "Señor, ¿qué hacen los demás?"

"¿Por qué esta pregunta tonta?" replicó él. "Canta 'Ragini's' (una canción popular del estado de Haryana)". Entonces, algunos de mis amigos comenzaron a cantar en las primeras horas de la mañana mientras el comandante de sección preparaba las órdenes verbales para el ataque.

Cuando el comandante tuvo que escribir instrucciones administrativas para el ataque, le preguntó al mayor Hoshiar Singh: "Señor, ¿qué vestido se debe usar para el ataque?" Entonces, sin dudar, respondió: "¿Por qué esas dudas? ¡'Batas'!"

La hora H era a las 02:30 hrs. Por lo tanto, fuimos al ataque en batas y zapatillas para atacar el avión en PVC, bajo las órdenes del mayor Hoshiar Singh. Este ataque adornado con vestidos es un recuerdo que nunca podré olvidar.

El mayor Hoshiar Singh tenía grandes expectativas de nosotros en las competiciones de la compañía. Antes de la competición, anunció: "Voy a escupir en la cara de cualquier GC que llegue a menos del cuarto recinto en el campo de travesía". No lo decepcionamos, pero casi no llegamos a ser campeones.

Nuestras extraordinarias hazañas en las competiciones de a campo traviesa encendieron una búsqueda duradera de la excelencia, dando forma al riguroso régimen de entrenamiento que caracterizó nuestro viaje hacia adelante.

Nuestra compañía, 'Sinhgarh', a menudo se llama la 'PVC Company' en honor al mayor Hoshiar Singh y al teniente segundo Arun Khetrapal, ambos valientes receptores del Param Vir Chakra (PVC). Ellos inspiran nuestro legado.

Avancemos rápidamente cincuenta años hasta 2022, y me encontré, de la mano de María, revisitando la institución que me definió para nuestra reunión del Jubileo de Oro. Doscientos cincuenta y dos alumnos, cónyuges, ocho invitados especiales y tres instructores de la IMA 1972 asistieron a nuestra reunión. Con orgullo, presentamos una estatua del mariscal de campo K. M. Cariappa, OBE, a la IMA para su colocación en la Plaza de Armas del Campus Sur.

El evento fue una mezcla ecléctica de nostalgia y novedad, mientras los recuerdos del pasado reverberaban en las salas, mezclándose con las evidentes transformaciones físicas de la Academia.

Las adiciones modernas, como el majestuoso Vikram Batra Mess, las cocinas totalmente automatizadas y una moderna piscina internacional de doce carriles, representaron el paso de la Academia a la era contemporánea. Sin embargo, la esencia atemporal de Drill Square y el venerable Edificio Chetwood ofrecieron una familiaridad reconfortante en medio del cambio.

Nuestras historias resonaron en todo el campus. Recordamos el asombro de usar nuestros uniformes por primera vez, nuestra transformación de niños ingenuos a hombres de honor y nuestras historias de pruebas y triunfos, celebrando el vínculo inquebrantable que compartimos.

Cada rincón y grieta de la Academia evocaba recuerdos. El área de la piscina me recordó mis dificultades para nadar. La imagen de la mayor Zora Singh Dhaliwal (más tarde brigadier), el comandante de la compañía, gritando "Brigadier James, thoda aur, rukhna nahi" (traducido libremente, "Vamos, un poco más, no te detengas") parpadea a menudo en mi ojo interior. La formación de la mayor Dhaliwal probablemente me salvó de ser relegado. Nos llevaron a la biblioteca donde habían guardado los expedientes sagrados escritos sobre nosotros en la IMA hace medio siglo.

Miramos los expedientes y encontramos un caso curioso. Era una advertencia para mí. Lo había olvidado. Estábamos haciendo un ejercicio nocturno llamado 'Ejercicio Donga'. Pasamos por un huerto de guayabas. Nuestro instructor sabía que podríamos intentar arrancar alguna fruta. Puso un guardia allí. A mi amigo y a mí nos pillaron cogiendo guayabas. Al día siguiente, nuestro comandante de pelotón me dio una advertencia por escrito. Al leer sobre este incidente después de 50 años, Mary se echó a reír encantada, añadiendo una pizca de ligereza a la intensa nostalgia.

En la reunión de la Academia Militar de la India, recordamos nuestras experiencias pasadas y celebramos nuestro viaje. La IMA ha sido una piedra angular de nuestra transformación, inculcando valores y definiéndonos. La Academia nos enseñó la esencia del deber, el honor y el vínculo formado a través de las dificultades compartidas. Incluso a medida que los tiempos cambian, su espíritu sigue siendo atemporal y seguirá guiando a las generaciones futuras.

La diferencia crítica entre entonces y ahora era la presencia de María, mi esposa, a mi lado, compartiendo mi nostalgia y añadiendo su toque a mi historia. Justo cuando nos íbamos, Mary se volvió hacia mí, sus ojos brillando con orgullo. Ella dijo: "Ver el lugar donde estudiaste y cómo creciste en el hombre que amo llena mi corazón de inmenso orgullo. Me siento honrada de haber sido parte de este viaje".

Mientras me alejaba, eché un último vistazo a las grandes puertas de la Academia. Mi corazón se llenó de orgullo y nostalgia. El viaje había llegado a su fin, desde un ingenuo que entraba en un mundo extraño hasta un veterano experimentado que revivía los recuerdos de sus años formativos con orgullo y honor.

La seguridad, el honor y el bienestar de su país vienen primero, siempre y en todo momento. El honor, el bienestar y la comodidad de los hombres que usted comanda vienen después. Su propia facilidad, comodidad y seguridad vienen en último lugar, siempre y cada vez.

Oficiales del EME de 50 REG y 34 Tech en la reunión del jubileo dorado 22 Dec en IMA

Preparación de Los Artesanos Soldados

Todavía puedo recordar el día vívidamente, el 24 de diciembre de 1972. Apenas tenía veinte años cuando me uní al Cuerpo de Ingeniería Mecánica y Electrónica (EME) del Ejército de la India. Nuestro trabajo consistía en mantener el equipo militar en condiciones de uso. Como parte del proceso de iniciación, el oficial superior del EME en Dehradun nos invitó a un evento de bienvenida. Recibimos los lazos de regimiento del EME, lo que marcaba nuestra inclusión formal en el Cuerpo. Esta fue mi primera lección de esprit de corps, el espíritu colectivo y la moral de nuestra unidad.

Luego tomamos el curso de oficiales jóvenes en Vadodara. Era difícil pero esencial, abarcaba los procedimientos de los talleres del EME, los métodos de recuperación y las reglamentaciones. El comandante enfatizó: "Su compromiso con el Cuerpo del EME es importante. Ahora ustedes son parte de esta familia, y su desempeño nos afecta a todos". Este sentido de unidad se convirtió en la base de nuestro entrenamiento y servicio.

El curso de oficiales jóvenes duró seis semanas. A fines de febrero, llegó la orden de publicación para mi primera unidad del EME. Me asignaron a una compañía de talleres de tropas del cuerpo. La unidad se había desplegado durante la guerra de 1971 en el sector occidental y había regresado a la ubicación de Chandimandir. Llegué a Chandimandir por el tren de Kalka temprano en la mañana, y me esperaba una cálida bienvenida. El mayor Palaniappan era el oficial al mando (OC). Estaba dispuesto a enseñarme todo sobre las técnicas de reparación y recuperación, el procedimiento de mantenimiento de las herramientas, los procedimientos de inspección, y todo lo que un joven oficial debería aprender en su primera unidad. Todos los demás oficiales estaban igual o más interesados en mí. Cuando tenía veinte años, como joven teniente segundo (una estrella en el hombro), me quedé impresionado por la recepción que todos los oficiales y sus familias me dieron. Mi función en la unidad era organizar la reparación de todas las armas y equipos defectuosos.

Todos los días había un bullicio. Teníamos máquinas y vehículos como ***topadoras,*** tractores de orugas, armas, radios y muchos autos y camiones.

Cada pieza de equipo tenía sus propias necesidades. La reparación de una caja de cambios de un tractor, por ejemplo, era diferente de la solución de problemas en un circuito de radio. Independientemente de la tarea, mi papel era asegurar que todos los trabajos se realizaran eficientemente y con los más altos estándares.

El trabajo era a veces desafiante y sucio, pero también inmensamente satisfactorio. No había nada como ver una máquina volver a la vida después de una reparación, sabiendo que estaba lista para el trabajo. Cada día nos presentaba nuevos retos y nuevos logros. Me encantaba el trabajo y no lo habría cambiado por nada.

Un Recuerdo Inolvidable: De Costumbres, Valores y Tradiciones

De acuerdo con la buena educación del ejército, un oficial recién destinado debe visitar a la familia de los oficiales casados en su unidad dentro de los quince días de su llegada a la estación, y ellos, a su vez, lo invitarán a cenar. Así que visité la casa del capitán Ravi dos veces y cené allí una vez. Sendhen, su esposa, era una señora amable, y tenían un niño pequeño, Vandana. Me sentí abrumado por su hospitalidad y calidez. Ravi fue enviado a un curso en la escuela EME de Vadodara y había dejado la estación. Así que un día, alrededor de las 7 p.m., llamé a Sendhen. Soné la campana y ella vino y me recibió felizmente con el niño en sus brazos. Después de intercambiar las cortesías habituales, me dijo que jugara con el bebé mientras preparaba la cena para todos nosotros. Me sentí emocionado por el afecto de la señora. Durante la cena, hablamos mucho sobre nuestras familias y amigos. Después de cenar, me preguntó si quería tomar un café. Accedí sin dudarlo, y luego empezamos a hablar sin parar, tomando café intermitentemente.

Sendhen era excepcionalmente buena en el dominio del idioma inglés. Yo también era particularmente bueno en ello. Ella había conseguido una pista sobre mi competencia cuando mencioné que había sido la secretaria de la asociación de inglés en la universidad.

—¿Sabes el significado de mi nombre, Sendhen? —No —dije.

—Sendhen significa "dulce como la miel pura" — Ella dijo

—No lo he probado —la respondí.

Ambos nos reímos. Mientras tanto, el niño se había dormido tranquilamente en la mesa del comedor. Cuando nuestra risa se apagó, empezamos a discutir las idiosincrasias y similitudes de ciertas palabras en inglés.

De repente, me preguntó con un destello travieso en sus ojos:

—¿Cuál es la diferencia entre un sacerdote y una dama?

Me sorprendió que ella se sumergiera en un reino de humor que no conocía, contando chistes y anécdotas sucias. Intercambiamos chistes sobre "alturas y similitudes" y compartimos bromas juguetonas. Entre las risas, nuestro vínculo se hizo más fuerte, y cada broma nos acercaba a un reino de comodidad y comprensión. Ambos nos reíamos de gloria.

Dios mío, me dije a mí mismo, Sendhen era un genio. A ambos nos gustaba la compañía del otro. Había una buena química entre nosotros. Era mi turno de impresionarla con algo de mi conocimiento. Asi que la pregunté:

—¿Conoces la quiromancia?

—No —dijo ella.

—Bien —le dije—. Muéstrame tu mano.

Entonces, le expliqué la "línea de vida, la línea del destino y la línea del corazón".

La campana de la casa sonó repentinamente. Ella se asustó y fue a abrir la puerta. Y no había nadie afuera. Vandana aún estaba durmiendo en la mesa. Así que Sendhen corrió hacia atrás y la tomó en sus brazos. Yo también corrí hacia la puerta. No había nadie allí. La casa estaba en el primer piso. Corrí por las escaleras. Un tipo dormía en el suelo con una manta que lo cubría. Quizás el centinela del complejo. Le tiré la alfombra y le pregunté si había subido.

Dijo: —No.

Así que volví a la casa. Eran las 10 de la noche y nunca nos habíamos dado cuenta de que era tan tarde.

Le dije "buenas noches" a Sendhen, volví en la bicicleta que había traído, estacioné cerca de donde el centinela estaba durmiendo y corrí de vuelta a la sala del oficiales. Me mortifiqué. No le conté a nadie sobre este incidente. Pensé que Sendhen haría lo mismo. Ravi regresó después del curso corto y se unió a la unidad. Un día, me llamó a su oficina. Otro oficial estaba sentado allí.

Me preguntó:

—¿Qué pasó esa noche?

—Nada, señor —murmuré en una voz temblorosa.

Ambos se rieron. Entonces, Ravi me enseñó que, según los protocolos del ejército, no se debe llamar a las damas cuando sus maridos están lejos solos

—Sí, señor —dije.

Me explicó algunas cosas más. Me había quedado en blanco, confundido sobre qué decir o hacer. Mi mente estaba girando y sus palabras se estaban convirtiendo en un desenfoque sin sentido. Solo sabía que Sendhen le había contado el incidente, y Fui el chivo expiatorio.

Ravi debió notar mi expresión porque se detuvo y me miró con preocupación.

—¿Estás bien? —preguntó, sus ojos buscando los míos.

Sacudió la cabeza, tratando de despejar la niebla.

—No, no, estoy bien.

Quería disculparme con Sendhen por cualquier incomodidad que pudiera haber causado, y juré asegurarme de nunca volver a cometer el mismo error. Ravi inmediatamente dijo:

—James, qué dulce eres. Que no haya malentendidos. Ambos te amamos.

Tomé el consejo del capitán Ravi al corazón y comencé a educarme en las complejidades de la buena educación y del ejército.

Las lecciones de buena educación habían penetrado en todas las facetas de la vida militar. Abarcaban la puntualidad, el respeto por el rango y la antigüedad, la disciplina, la lealtad y la importancia del trabajo en equipo. Más sutilmente, también incluyeron cómo uno se comporta, la conveniencia de discusiones específicas en diversos entornos y cómo discrepar o expresar preocupaciones con respeto.

Estas enseñanzas impartían el delicado equilibrio entre camaradería y profesionalismo, la delgada línea entre respeto y familiaridad. Temprano en mi vida militar, estas enseñanzas me ayudaron a ser un miembro de la comunidad más responsable y consciente.

En junio de 1973, el capitán R. S. Batra, un oficial sij que más tarde se convertiría en general de división, se había incorporado a la unidad tras completar su curso en el Staff College de Wellington. Era un oficial enérgico, siempre sonriente, inteligente y elegante; me impresionó mucho. Rupi, como sus amigos lo llamaban con cariño, pertenecía a Chandigarh, y este era su puesto en casa. Tenía una **Moto de la marca Bajaj.** Se quedaba en la sala de Oficiales y era soltero. Y ahora podía ir con él a la unidad como su acompañante.

Rupi era aficionado al juego de cartas Bridge. Podía sentarse en cualquier momento en la sala de los oficiales y jugar a Bridge. Rupi nos regalaba con frecuencia emocionantes anécdotas de sus días en el ejército, y su afición por la equitación era un tema común. Su encanto era legendario entre las damas de Wellington, su anterior destino.

Un día, la curiosidad me ganó e inocentemente pregunté:

—¿Alguna vez les ofreciste clases de equitación?

Su diversión era palpable cuando estalló en risa antes de responder:

—Principalmente a las damas de tierras extranjeras.

El capitán Rupi Batra fue como un mentor para mí. Era un experto en su campo y me guió para comprender los procedimientos del taller de EME, diagnosticar problemas de equipos, repararlos, hacer modificaciones e implementar mejoras. También me enseñó sobre la gestión del equipo y el apoyo de ingeniería a las unidades militares. Estoy increíblemente agradecido por su orientación, que ha influido mucho en mi trayectoria profesional.

Me encariñé con Rupi cuando me enseñó varias cosas más. Una de ellas era los juegos de fiesta. Yo era su asistente para los juegos de fiesta. En los aspectos sociales, Rupi fue mi modelo a seguir durante todo mi servicio. Fue el momento de la inauguración del Instituto de Oficiales (Kharga Institute). Todo el ambiente en el acantonamiento era de festividades y celebraciones. El Cuerpo, bajo el mando del Teniente General T. N. Raina, había ganado laureles. Durante la guerra indo-pakistaní de 1971, el Cuerpo capturó las ciudades cruciales de Khulna, Jessore, Magura y Faridpur, y la zona entre los ríos Ganges y Padma. Ahora, solo el Cuerpo había regresado de su despliegue en las zonas operativas a Chandimandir; no es de extrañar que el victorioso ejército estuviera celebrando.

Recuerdo una celebración nocturna de damas en el Instituto, donde las damas daban la bienvenida a los oficiales. El evento fue una vibrante mezcla de un desfile de moda, canciones cautivadoras, bailes enérgicos y juegos de fiesta. El Teniente General K. P. Candeth, comandante del ejército occidental, se hizo cargo de la escena, juzgó el desfile de moda y conversó con las damas participantes. Durante todo el evento, su espíritu alegre era evidente para todos.

En otra ocasión, durante una animada fiesta, jugamos al juego de la Reina de Saba, donde la 'reina' pide varios objetos y los grupos compiten para llevárselos rápidamente por puntos. El juego tomó un giro humorístico cuando la 'reina' pidió un sostén, y todas las mujeres participantes corrieron hacia el baño para buscar uno. Ver esta carrera inusual y divertida me dejó perplejo, añadiendo un encanto único y momento memorable a nuestra fiesta.

Me había enamorado del acantonamiento de Chandimandir, situado en las estribaciones de las colinas de Shivalik, junto a Panchkula, en Haryana. Podía moverme, visitar los jardines de Pinjore y el bien planificado Chandigarh, y disfrutar del ambiente y la brisa fresca. Era noviembre de 1973. Sin embargo, a los seis meses de mi vida en la unidad, el Cuartel General del Ejército (AHQ) me asignó para hacer el curso de grado de ingeniería del EME en la Facultad de Ingeniería Militar en Pune. Después de eso, continué a la Escuela Militar de Electrónica e Ingeniería Mecánica (MCEME) en Secunderabad para la segunda etapa.

Alrededor de dos o tres meses antes del fin de semana, cuando estaba tomando una cerveza en el bar del MCEME durante la hora del almuerzo con amigos, hubo una discusión sobre los posibles puestos postular después del curso. Unos pocos oficiales de servicio corto (SS) discutieron con confianza sus posibles asignaciones y sopesaron las ventajas y desventajas. Me desconecté de la discusión.

Estaba aburrido Sentado en un sofá cerca de las paredes, dije en voz alta: "¿Quién cuidará a los mortales como yo?" De repente, un oficial sentado en los taburetes del bar delante de mí dijo.

¿Quién dijo eso?»

"Soy yo, Sr. James

Sí, James. ¿A dónde quieres ir?"

Nunca había pensado en esas líneas. Todos estaban en silencio, esperando mi respuesta. Finalmente, di unojodh rápido. «Señor, **Thiruvananthapuram**». Preguntó: "¿Por qué quieres ir allí?" "No sabía qué decir. La única respuesta que se me ocurrió fue: "Señor, quiero casarme". Afortunadamente, no me hizo más preguntas. Sin embargo, mi respuesta podría haber sido más convincente incluso para mí.

"Ok, recuérdame cuando llegue a Nueva Delhi".

Más tarde, pregunté a los otros mayores quién era él y me dijeron que era el Comandante (CO) del ***Taller Estático del HQ del Ejército***, Nueva Delhi. Todo el mundo dijo: "James, has dado en el clavo". Mi amigo, el capitán S P Choudhary (más tarde Mayor General), estaba con él en la unidad. En un día, llamé a SP. Dijo: "Déjame ver". Como se prometió, cuando llegó la orden de envío, me enviaron a Thiruvananthapuram al taller independiente de 340 (I) Bde; 203 (I) Workshop Company. Incluso hoy, estoy asombrado; se siente como si hubiera entrado en un cuento de hadas.

Fui ascendido a capitán y me uní a la 340a Brigada de Infantería, la única unidad regular del ejército de Kerala. Lamentablemente, esta unidad tenía pocas vacantes, con solo dos puestos disponibles para oficiales de ingeniería eléctrica y mecánica (EME) a nivel de capitán.

Así, fue un premio porque era mi estado natal. El comandante de la brigada era el brigadier NSI Narahari (más tarde TG). Mi comandante era el mayor R. Sridharan (después brigadier), y el capitán Varghese Jacob (después brigadier) era otro oficial de la unidad. En agosto de 1977 asistí a un curso de guerra en el desierto en ***Jodhpur***, dirigido por la formación local; la duración del curso fue de 21 días. Conocimos las características únicas del desierto, los ejercicios de recuperación, los aspectos de reparación y mantenimiento propios del terreno, la navegación nocturna. Después del curso, tomé un mes de licencia anual y planifiqué el resto de la licencia durante las vacaciones de Navidad. Después de mis vacaciones, el comandante me informó del despliegue de la Compañía en Rajastán para un ejercicio militar importante. Tuve que viajar en un tren especial de Trivandrum a Sabarmati. Desde Sabarmati, el traslado fue por carretera. Me alegró tener la oportunidad de trabajar en las mesas de carga, estudiar todos los procedimientos operativos y así adquirir experiencia práctica como Comandante de la Compañía. Desafortunadamente, esto significaba que podía perder la boda de mi hermano OA Thomas incluso mientras estaba destinado en el estado natal.

Llegamos a Sabarmati, Ahmadabad, ocho días después, el 25 de enero. Nunca pensé que los trenes especiales se moverían a un paso de caracol. Hemos montado tiendas de campaña en la zona asignada. Esperamos el transporte de segunda línea para nuestro traslado a Barmer vía Mehsana-Deesa. Otro oficial, el capitán GC Choudhary, se había unido a la unidad para entonces. Su característica más importante era un bigote excesivamente ancho, largo y grueso.

Fui testigo de uno de los incidentes más cómicos durante mi servicio militar en este lugar. Era el día de la distribución de la paga para los Jawans en nuestra compañía. En aquel entonces, el sueldo de Jawans tenía que ser recogido del tesoro del Banco Estatal de la India, traído bajo escolta custodiada en troncos de acero. Entonces, los Jawans formarían una línea y marcharían hasta el oficial, quien verificaría su libro de pagos, verificaría la entrada correcta, contaría las notas y firmaría el libro de pagos después de hacer el pago. Este procedimiento fue bastante largo.

Nuestro héroe, Choudhary, ideó un ingenioso plan para acelerar el proceso. Primero, puso todo el dinero en una mesa dentro de una gran carpa. Luego, haciendo una pose teatral y girando su bigote al estilo de un villano de película, se dirigió con confianza a los Jawans reunidos. Choudhary les instruyó a entrar en la tienda y tomar solo la cantidad que estaban autorizados a recibir de una manera ordenada. Entonces, él esperaría afuera de la entrada, listo para dejarlos salir solo después de que todos hubieran recogido sus cuotas. Una vez completado, firmaría todos los libros de pagos a granel.

Con un estilo digno de una escena cinematográfica, Choudhary se sentó fuera de la tienda, sosteniendo su arma Sten. Con un toque teatral de su bigote, parecía hasta el último detalle el héroe de la película. Para mi sorpresa, todo el proceso fue increíblemente eficiente. Casi cien jawanos terminaron su cobro de nóminas en tan solo cuarenta minutos, lo que normalmente les tomaba al menos cuatro horas. Gracias a su magnífico bigote, la ingeniosa solución del capitán Choudhary sorprendió a todos con su ingenio

El 27 de enero nos dieron transporte de segunda línea para movernos. El matrimonio de mi hermano fue el 29 de enero. Nuestro oficial al mando (OC), el mayor R. Sridharan, se nos unió en Sabarmati el mismo día. Le di una tarjeta al OC. Sonrió y dijo que habría asistido si hubiera estado en Thiruvananthapuram. Agregó que podría asistir a la boda después de que la Compañía llegara al lugar de Barmer. Esa no era una solución práctica. Decidí quedarme con mis tropas y saltarme el matrimonio de mi hermano. Fue una decisión dolorosa. Pero eso fue lo que aprendí en IMA: el lema chetwoodiano de sacrificio.

Llegamos a **Deesa** el 28 de enero de 1978. Ese día celebramos la boda de mi hermano OA Thomas un día antes de la fecha.

Porque desde el día siguiente, estaríamos ocupados, y nuestros movimientos serían tácticos. Pronto llegamos a Barmer, recibimos nuestras órdenes de despliegue y empezamos a cavar trincheras. Teníamos que estar preparados para el simulacro de 'stand to' del día siguiente. El mayor Sridharan sabía mucho sobre tácticas, y yo también estaba aprendiendo rápido bajo su mando. Tenía diez años de antigüedad y una valiosa experiencia en la guerra del desierto. Con él, estábamos bien equipados para todas las eventualidades en un lugar de ejercicio. Pero, para nuestra sorpresa, recibimos noticias del traslado del mayor Sridharan durante el ejercicio militar. Sridharan era un líder con una presencia fuerte, y él y su esposa cautivadora, Lalitha, constantemente atrajeron la atención en las reuniones. Con frecuencia hacían duetos que se convirtieron en el punto culminante de los eventos. Yo reflexionaba sobre el vacío que dejaría su partida en Thiruvananthapuram. Yo los tenía en alta estima, y a ellos también les gustaba. Su inminente partida me entristeció.

Sridharan y Jacob. Conocí a ambos oficiales y sus familias en Thiruvananthapuram por primera vez. Sin embargo, la relación ha continuado desde entonces. Debo expresar mi profundo agradecimiento y aprecio por el apoyo inquebrantable y la orientación de estos oficiales durante las etapas finales de mi viaje militar. Al mirar atrás en los numerosos casos en que su presencia constante reforzó mi fuerza y valor, me inclino a creer que mi asignación a Thiruvananthapuram fue más que una coincidencia. Trabajar con oficiales tan notables y conocer a sus familias fue un privilegio. Yo consideraré este giro afortunado de los acontecimientos como el 'Capitán del Premio Mayor' - un plan divinamente orquestado. Mi matrimonio con Mary durante este mandato fortaleció aún más mi convicción. Su presencia ha sido una influencia crítica, profundamente moldeando y realzando mi viaje.

Danza Sagrada: La Sinfonía de Nuestro Vínculo Eterno

Mi estadía de un año en Thiruvananthapuram fue notable. Me mudé constantemente de la ubicación de mi unidad a Gujarat y Rajastán, atravesando los paisajes áridos de Barmer, Jaisalmer y Pokhran durante ejercicios tácticos. Además, tuve la oportunidad de servir como oficial comandante en la estación de Ooty Hill. Con oraciones en mis labios y una inquebrantable devoción al deber, logré navegar estos tiempos turbulentos. El giro final fue un traslado inminente desde Thiruvananthapuram para asistir a un curso de equipo de radio para oficiales cortos en MCEME Secunderabad. Una orden de nuevo posting era post-curso debido, y tuve que informar el 27 de agosto con menos de tres meses restantes. La perspectiva puso mi corazón a correr. Estaba ansiosa por casarme antes de mudarme, pero me faltó un partido adecuado. Aunque mi padre me permitió elegir, elegí la ruta tradicional, pidiendo a mis padres que encontraran una esposa potencial. En un mes, me presentaron a Mary, mi futura esposa. Vivía a tan sólo treinta y cinco kilómetros de mi casa, hija del señor M V Chacko y la señora Rosamma Chacko.

Mary era muy educada y ahora ayudaba a su madre en casa después de la universidad. Tuvimos que reunirnos, hablar con ella y luego decidir. Así que, desde Thiruvananthapuram, me subí a mi motocicleta Yezdi y, junto con mi tío, embarqué en un viaje a la casa de Mullonkal - el hogar familiar de Mary en *Chakompathal,* Vazhoor, Kottayam. Una fuerte lluvia comenzó cuando nos acercamos a unos cichanganacherrynco kilómetros de nuestro destino. Sin desmayarnos, dejamos nuestra motocicleta al lado de la carretera, agarramos un Jeep y continuamos nuestro viaje en medio de la lluvia. La casa estaba en una colina. Me hipnotizó la belleza natural del lugar: café, caucho, plantaciones de cardamomo y media docena de casas Mullonkal. El conductor del jeep conocía la casa de Mullonkal Sir MV Chacko. Era el director de la escuela local. La casa estaba a cien metros de la carretera principal con un camino privado jeep. La familia nos recibió. Cuando Mary entró con gracia en la habitación, su cálida sonrisa y sus brillantes ojos inmediatamente llamaron nuestra atención. Adornada con un sari tradicional indio, irradiaba un aura de elegancia y encanto.

Al primer vistazo, nos caíamos bien. No tenía dudas sobre mi futura esposa. Ella no me hacía preguntas. La hermana de Mary habló al máximo. Cuando el reloj dio las 5 p.m., nuestra reunión de una hora terminó. Siguiendo las costumbres locales, los padres y la familia de Mary planeaban visitar nuestra casa para seguir discutiendo. Para este punto, los futuros novios habían compartido sus intenciones con sus familias. Mi carismático tío jugó un papel importante en la rápida progresión. Después de discusiones minuciosas, elegimos el jueves 21 de agosto de 1978 para nuestra ceremonia de boda en la Iglesia Metropolitana de St. Mary en ***Changanacherry***. El compromiso se celebraría tres días antes, el 18 de agosto, en la iglesia de Mar Sleeba, Elangoi, Vahzhoor. Todo sucedió muy rápidamente. Me estaba casando con la única chica que mis padres veían por mí. Nuestras familias no tenían conocimiento previo sobre la familia de los demás o mi campo de trabajo. El capitán Varghese Jacob organizó la boda con la 7a banda de Madras. Llegaron en tren. La primera actuación de la banda fue en nuestra casa. Todos los lugareños se volvieron tan felices y alegres

La banda de música luego marchó por la carretera en frente de mi casa. Habíamos organizado la recepción en el salón parroquial de la iglesia. Después del matrimonio en la iglesia, la fiesta de la banda me llevó a la sala parroquial. Una actuación de banda militar fue la primera que conozco en la ciudad de Changanacherry y fue una novedad apreciada por todos

Al día siguiente después de la boda, estábamos en la sala de oficiales de Thiruvananthapuram. Así que la bienvenida y despedida para Mary fueron todo en un solo viaje, y partimos el 24 de agosto de 1978, para MCEME, Secunderabad, para asistir al Curso Corto sobre Equipos de Radio.

Después de completar el curso, fui destinado a un batallón del EME en *Sikkim*. Como Mary estaba en el camino familiar, la dejé en su casa y me dirigí a Sikkim. En el HQ de la Bn, recibí órdenes de presentarme ante la Field Workshop Company a gran altura en Sikkim oriental. Me presenté ante la unidad en febrero de 1979. El taller estaba en 17 Mile, Kyongnosla y fue comandado por un

Mayor. Yo era el oficial del taller. La altitud era de unos 12000 pies. Pasé tres días en un campo de tránsito para aclimatarme. Debido a la falta de oxígeno en el aire a gran altura, el cuerpo tuvo que adaptarse a la altitud.

Uno comenzaría a jadear si uno empezara a caminar rápido o hacer cualquier actividad física. Una vez que llegué al taller de campo, me dieron ropa para climas fríos extremos (ECC) a gran altitud. Se trataba de prendas de múltiples capas que consistían en chaquetas, gorras de balaclava, guantes, pantalones de lana, camisas y ropa térmica, botas de nieve y calcetines de lana. Vivíamos en habitaciones hechas de láminas de hierro galvanizado (CGI) con embalaje termocolado. Una estufa **Bukhari** estaba en el centro de la habitación, con un bidón de queroseno que suministra el combustible para quemar y una chimenea para que se escape el humo y los gases. El riesgo de envenenamiento por monóxido de carbono era grave, así que tuvimos que tener cuidado. Solía apagar el Bukhari antes de ir a dormir. El baño era un pequeño lugar unido a la habitación con una puerta de hoja CGI apenas suficiente para un tocador y un soporte de toalla. Teníamos dos cubos para bañarnos. Había un tocador de madera, limpiado cada mañana por una barredora, y el agua del baño se drenaba en una fosa séptica subterránea temporal cercana. Esta instalación utiliza el saneamiento seco, eliminando los desechos humanos sin agua.

De marzo a julio, el sol sale temprano en este lugar, hacia las 04. 30 h y se pone a las 17. 00 h. Por lo tanto, el taller empieza a las 07. 30 h y termina a las 16. 00 h. Por lo tanto, el taller empezaba a las 07.30 y terminaba a las 16.00. Teníamos que conducir vehículos con cadenas antideslizantes para la nieve. Más que cualquier otra cosa, la supervivencia de los soldados y el buen funcionamiento de las armas y el equipo eran primordiales a gran altitud. Después de unos meses en el emplazamiento principal, el oficial al mando (CO) me destinó al Destacamento de Taller Avanzado (AWD) a mayor altitud.

La ubicación del AWD fue llamado "Nehru Hut" debido a una creencia de que Nehru una vez vino y se quedó en esta cabaña. Este puesto me ha brindado una excelente oportunidad para realizar un trabajo profesional cualificado. Primero, organicé la sección de telecomunicaciones. Utilicé la subvención del DGEME para crear infraestructura. Les proporcioné los repuestos necesarios.

Una oscura Nehru Hut se convirtió en una moderna instalación de reparación para equipos de telecomunicaciones con amplia iluminación. Hice un modelo de la sección de reparación de armas para las inspecciones de la tira. Con permiso del CO, Teniente Coronel Palta (más tarde Mayor General), empezamos a hacer *reparaciones de R2* más allá de las reparaciones autorizadas de R1. Envié equipos móviles de reparación (MRE) a las unidades y ayudé a *sus talleres de reparación ligera* y organizaciones de reparación de unidades. Las unidades usuarias estaban contentas. El concepto de la 'política de reparaciones hacia adelante' recibió un impulso. Decoramos la ubicación del AWD con intrincados diseños de bambú y una gran puerta de arco de bambú. Los conductores y oficiales en camino a las posiciones de armas y piquetes a gran altitud podrían detenerse en el AWD, cerca del impresionante *lago Changu* y disfrutar de un café caliente.

Las unidades de usuario apreciaron mis pasos proactivos en la *Servicios de gestión de reparaciones*. Los servicios deberían tener por objeto reducir la carga de las tropas sobre el terreno, educándolas al mismo tiempo que están con ellas y cerca de ellas.

El lago Changu, también conocido como lago Tsongmo, es un lago glacial en Sikkim oriental, cerca del AWD de Nehru Hut y proporcionó uno de los recuerdos más pintorescos en toda mi vida de servicio. El lago permaneció congelado durante la temporada de invierno. Montañas empinadas con nieve rodean el lago durante el invierno. En verano, la nieve se derrite y forma el nacimiento del lago. Los bosques alpinos cubren la cuenca del lago. La flora y fauna eran extraordinariamente ricas, diversas e impresionantes. Muchos domingos, solía caminar hasta las orillas del lago, poner una sombrilla de jardín y disfrutar de la belleza prístina de la naturaleza. En ocasiones, solía leer historia militar y prepararme para el inminente examen de ingreso al Escuela Superior del Personal. El Sr. ***Ariel Sharon*** del ejército israelí era mi héroe. Una vez pensé en Mary y el niño en su vientre durante esas estancias en la morada de la naturaleza y en nombrarlos. Sharon, si era un hijo y Caroline, si era una niña.

Audaz y Hermosa

Solicité permiso en noviembre de 1979 para estar cerca de Mary durante el nacimiento de nuestro hijo. Pero primero tuve que viajar a Gangtok desde Changu AWD, luego en un autobús hasta el Campamento de Tránsito de Siliguri, y después, un vuelo de Bagdogra a Madras via Kolkata (Calcuta) (cambio de vuelo) y luego en tren a casa. Desafortunadamente, el vuelo a Kolkata (Calcuta) fue cancelado, así que tuve que quedarme en un hotel y tomar el vuelo del día siguiente a Madras. No pude llegar a tiempo para el tren de conexión. Ahora, en Madras, no tenía una reserva de tren. Tomé un tren a Erode (Tamil Nadu), un autobús a Trichur (Kerala), y otro autobús a Changanacherry. Fue un viaje muy duro, y cuando llegué a casa, mi madre se paró en la puerta, emocionada, y me mostró una señal de victoria con sus dedos. Se refería al nacimiento de gemelos. En esos días, los médicos probablemente no hacían escaneos avanzados y nunca le indicaron a Mary que serían gemelos.

Fue una agradable sorpresa: el nacimiento de un hijo y una hija. Poco después, tuvimos a los gemelos bautizados. El hermano de Mary, el Sr. Joy, y su esposa, la Sra. Thresamma, habían venido desde Suiza con dos amigas suizas, la Sra Trudy y la Sra Martha. Mi hermano Thomas y su esposa Valsamma fueron el padrino y madrina de mi hijo Sharon, y mi primo Thankachyan, Chakala, y su esposa Merimma fueron el padrino y madrina de Caroline. Los padres de Mary y dos hermanos, James Varghese y Josekutty Mullonkal, nos ayudaron a organizar la función de bautizo en la iglesia de Elangoi, Vazhoor, Kerala.

Después de regresar a la unidad, fui destinado a Gangtok para quedarme con mi familia. Decidí traer a mi familia en abril y volví a casa de licencia. Una vez más, no fue posible hacer una reserva con poca antelación. A diferencia de la época actual, no había computadoras ni sistemas automáticos de reservas. Así que Mary y yo decidimos hacer un esfuerzo. Nos metimos en un compartimento de primera clase en un tren que iba a Kolkata (Calcuta). El conductor podría conseguirnos algunos asientos alrededor de la medianoche. Durante todo el viaje, los bebés lloraban. Cambiamos de tren en Kolkata y comenzamos el viaje más difícil a Nueva Jalpaiguri. Para entonces, los bebés se habían agotado por el calor. Estaban enfermos y comenzaron a llorar sin parar. Dos pasajeros más entraron en nuestra cabina. No sabíamos cómo evitar que lloraran. Tener gemelos a los 27 años fue una experiencia alegre y abrumadora. Nos sentimos totalmente indefensos en el compartimiento del tren sin chupetes, que no estaban disponibles en ese momento. Los otros dos pasajeros también estaban preocupados. Ambos intentamos todos nuestros esfuerzos y oramos. Finalmente, dejaron de llorar y se fueron a dormir. Bajamos en Jalpaiguri y fuimos al Campamento de Tránsito más cercano. Al día siguiente, comenzó el viaje final en el autobús del ejército a Gangtok a las 07:00 horas. Llevamos a los bebés en nuestros brazos. Fue un viaje de cinco horas.

El viaje nos llevó por caminos sinuosos y colinas verdes junto al río Teesta. El Himalaya oriental ofrecía una experiencia encantadora con majestuosos picos nevados y exuberantes valles verdes. Los densos bosques sumaban al paisaje pintoresco, proporcionando un placer visual impresionante para nuestro viaje a Gangtok.

Llegamos a nuestro acantonamiento a las 13:00 horas. Nos mudamos a la sala de oficiales cercano y a un alojamiento reasignado justo detrás. Caminamos desde la sala de oficiales hasta este barrio por un carril estrecho, con los bebés en nuestros brazos. La casa estaba en el espolón occidental de un cerro, y podíamos ver todo el valle desde la casa. Era un entorno muy natural, tranquilo y sereno. En el momento en que llegamos a nuestro nuevo hogar, le dije a Mary: "Eres apta para ser la esposa de un militar. Audaz y hermosa".

Mary estaba constantemente presente en cada reunión del regimiento, uniéndose a los eventos de la Sala de Oficiales con nuestros bebés de seis meses. Este puesto le permitió comprender íntimamente los papeles y responsabilidades únicos asociados con ser esposa de un oficial militar.

En enero de 1981, me mudé a Secunderabad para cursar un curso avanzado de ingeniería de comunicaciones. Para entonces, el Cuerpo de EME me había preparado para ser un líder técnico, un Soldado Artesano.

Recontando Los Disturbios Anti-Sikh y La Tragedia Del Gas de Bhopal

Como oficial del Ejército de la India con amplia experiencia sobre el terreno, he sido testigo de la notable fortaleza de nuestra nación. Sin embargo, también he sido testigo de algunos momentos profundamente desalentadores en nuestra historia. Dos incidentes que persisten en nuestra conciencia colectiva son los **disturbios anti-sij** y **la tragedia del gas de Bhopal,** ambos ocurridos en 1984.

En estas reflexiones, me baso en fuentes mediáticas y observaciones personales, ofreciendo un recuerdo más que una cuenta concreta, y por tanto, mis lectores, espero, me comprenderán. En 1981, después de completar un curso avanzado de ingeniería de comunicaciones, fui destinado al prestigioso taller WEE en Nueva Delhi. Al llegar, los oficiales me saludaron calurosamente a mí y a mi familia, y nos instalamos en nuestra nueva casa en Janakpuri, una zona residencial de Nueva Delhi. La ubicación del taller presentó un ambiente tranquilo en contraste con la bulliciosa metrópolis de la ciudad, ofreciendo un retiro bienvenido del ruido y el caos.La fresca y refrescante brisa de invierno y el exuberante paisaje revigorizaron los espíritus de quienes trabajábamos en la unidad. El seminario acogió al personal del ejército, la marina y la fuerza aérea como unidad interservicios. Fomentó la colaboración y la camaradería entre las diversas ramas de las fuerzas armadas indias. Siendo una unidad especializada, tuve que aprender los diagramas de circuitos de todos los equipos de radio e inalámbricos, incluyendo los Direccionadores (DFs). A menudo, mis deberes me llevaban a lugares distantes en la India para reparar y mantener equipos de señal complejos, lo que me hacía sentir orgulloso. Durante mi estancia de tres años en Nueva Delhi, disfruté de su animado ambiente. Desafortunadamente, hacia el final de mi tiempo allí, fui testigo de los horribles disturbios anti-sij que destruyeron la paz de la ciudad.

"Ya sabes, Singh", empecé, tomando mi cerveza fría mientras nos acomodábamos cómodamente en la sala de los oficiales, sintiendo la suave brisa de noviembre. El capitán Singh, con su turbante que indicaba su herencia sij y su uniforme que representaba su servicio a la nación, era más que un colega; era un amigo al que había llegado a respetar profundamente en el taller del WEE. "Esta unidad especial ha sido un oasis tranquilo en medio del incesante tumulto de la ciudad. Su paz es tan profunda que te permite concentrarte totalmente en tu trabajo sin molestias. Era un refugio profesional."

Me detuve, mis pensamientos se remontan a mi reciente viaje a Bhopal. Con solo una semana para reunir a mi familia y despedirme, echo de menos este lugar más de lo que esperaba. El capitán Singh, con su robusto cuerpo y presencia dominante, escuchó atentamente. Entonces respondió con un gesto solemne. "Entiendo tus sentimientos, pero hay otro recuerdo que parece eclipsar todo: el día de hace tres años, cuando la tranquilidad de nuestro entorno laboral se rompió... el día en que estallaron los disturbios", su voz resonó con una nota de dolor.

Sus palabras comenzaron a tambalearse, disolviéndose en los inquietantes restos de tiempos pasados. Recordé apresurarme a su casa, a poca distancia de la mía, armado con un camión militar para trasladarlo a él y a sus seres queridos a una ubicación más segura en la sala de Oficiales. Este capitán del ejército, fuerte e imponente, un compañero y un colega, se encontró vulnerable en *Janakpuri.*

Sin rodeos, me dirigió: "Jimmy, ¿por qué en el mundo estás pasando por todo este problema?" De repente, se precipitó hacia adentro, solo para regresar blandiendo una pistola completamente cargada, proclamando: "Si alguna alma olvidada de Dios se atreve a lastimarme o a mi familia, no dudaré en vaciar estas balas en su pecho". Cuestionó mi percepción de él, su esposa en silencio de pie junto a sus hijos, aferrándose a ella. También me advirtió en puro punjabi, "Tussi fikar mat karo. (No te preocupes.) Tengo una pistola a mi disposición, también."

Su valentía fue admirable. Sin embargo, las instrucciones de mi comandante eran claras: tenía mis órdenes. Tuve que llevar al capitán y a su familia a un lugar seguro. Así que le dije: "Bhabiji, ya no es seguro aquí. Las multitudes están incendiando los hogares de los sij. He venido equipado con tres guardias de seguridad. El tiempo no es nuestro amigo. Por favor, por el amor de Dios, mudarse a la sala de oficiales, aunque sea sólo por dos días". Tuve que profundizar y emplear todas mis habilidades de persuasión para convencer a la familia de mudarse. En 1984, el panorama político se vio afectado por la tensión a medida que el movimiento separatista de **Khalistán** comenzó a ganar impulso, encabezado por Jarnail Singh Bhindranwale, Jathedar de Damdami **Taksal,** una importante institución religiosa sij ortodoxa, y apoyado por el Akali Dal, un partido político en Punjab. La campaña en favor de un estado sij autónomo dentro de la Unión India fue una fuente de gran vergüenza para el

Gobierno central. Bhindranwale comenzó a vivir en el ***Templo Dorado*** , en los locales de Amritsar, por temor a ser detenido. Informes de inteligencia sobre un gran almacenamiento de armas y municiones, incluyendo lanzacohetes, ametralladoras medianas, LMG (Ametralladoras ligeras) y armas Sten, fueron reportados en el templo.

La primera ministra Indira Gandhi ordenó la operación militar con el nombre en clave 'OP Blue Star' entre el 1 y el 8 de junio de 1984, para expulsar a Bhindranwale y sus partidarios armados del complejo del Templo Dorado. Este hecho enfureció a toda la comunidad sij en todo el mundo y dio lugar al asesinato de la primera ministra por su propio guardaespaldas sij el 31 de octubre de 1984. All India Radio y Doordarshan anunciaron que el guardaespaldas sij de Indira Gandhi la había asesinado. Esto provocó disturbios anti-sij, especialmente en Delhi. Turbas armadas se dirigieron contra los pasajeros sij, los lincharon y los incendiaron. En medio de este terror, me encontré con mi propietario sij, Bhinder, que vivía debajo de mí en la planta baja, y un colega capitán cerca. Ambos optaron por permanecer en su lugar a pesar de las amenazas que se avecinaban.

"¡Bhinder!" Grité, agarrando la mano de mi casero, el estoico caballero sij que se mantuvo en pie para desafiar la creciente conmoción a nuestro alrededor. "¡Debemos irnos!" Su respuesta, un firme movimiento de la cabeza, llevó una obstinada valentía que hizo que mi corazón se afligiera. "Este es mi hogar. No lo abandonaré". Y él no lo hizo.

El ominoso zumbido de la creciente violencia resonó a nuestro alrededor, la tensión se tensaba. De repente, nuestro vecino, un pastor malayalee, salió de su casa y me dijo: "¡Debes venir conmigo!" suplicó, con preocupación grabada en su rostro. "Mi casa es más segura. Pueden prender fuego a esta casa. Por favor, no se queden aquí". A pesar del miedo que amenazaba con consumirnos, nos mantuvimos firmes, nuestros corazones golpeando contra el caos audible. Es decir, hasta que los sonidos inconfundibles de saqueo y violencia se amplificaron, volviéndose imposible de ignorar.

Reuní a mis hijos, los guié por el balcón hacia el refugio del pastor. Fue entonces cuando lo vi. Mi sangre se enfrió mientras observaba a un joven sij, apenas más que un niño, perseguido por una turba de trabajadores armados hasta los dientes con tridentes, lanzas, varillas de hierro y cadenas. El hombre sij blandió una pistola, con desesperación en sus ojos mientras disparaba a sus agresores antes de dar un salto desesperado por encima del muro fronterizo de la casa de un vecino.

«¡Mary!» Grité, agarrando la mano de mi esposa mientras corríamos hacia la terraza, nuestros corazones palpitando en nuestro pecho. La escena que se desarrollaba abajo era horripilante. Vimos a los vándalos sacar al joven, posiblemente herido o muerto, del escondite, bañarlo con gasolina y prenderle fuego.

La brutalidad de la escena nos dejó aturdidos, nuestras mentes luchando con el horror de lo que habíamos presenciado. La furia intensa se encendió dentro de nosotros, una mezcla volátil de ira impotente y dolor indefenso. Nos encontramos atrapados en medio de una pesadilla, viendo a gente inocente cazada y asesinada porque pertenecían a una comunidad diferente. Fue una vista que nos sacudió hasta el fondo. Nunca podemos olvidarla.

La violencia se intensificó rápidamente, alimentada por el enojo, la desinformación y la manipulación política. Turbas, a menudo dirigidas por dirigentes políticos y delincuentes locales, atacaban las casas y los negocios de los sijs, saqueando y prendiendo fuego a esas viviendas. La policía era un espectador pasivo o, en algunos casos, participante activa en la violencia. Además, los rumores infundados de que los sijs celebraban el asesinato avivaron aún más la ira de la turba.

Era desalentador ver la violencia desarrollarse, especialmente como oficial del ejército, sabiendo que no se habían desplegado las fuerzas para reprimirla. La situación cambió finalmente cuando el ejército tomó el control el 2 de noviembre de 1984. Pero este retraso causó daños severos. El número de muertos fue de alrededor de 2.800, pero las estimaciones no oficiales sitúan la cifra más cerca de 8.000. Miles más quedaron sin hogar y temían por sus vidas.

Los disturbios dejaron una cicatriz duradera en la comunidad sij y en la nación. Pusieron de manifiesto los peligros de las políticas divisivas. Además, el proceso judicial para hacer responsables a los autores fue lento y se vio afectado por la injerencia política, con muchos de los responsables escapando de la justicia.

Fui destinado como oficial de pruebas de grupo (GTO) en la junta de selección de 20 servicios (SSB) en Bhopal, Madhya Pradesh, desde Nueva Delhi. Al principio elegí ir solo y luego, después de organizar el alojamiento, volví a Nueva Delhi para recoger a mi familia, y fue durante ese tiempo que fui testigo de los disturbios en Delhi. Con este amargo recuerdo fresco en nuestras mentes, llegamos a Bhopal el 2 de diciembre de 1984, alrededor de las 5 pm. Solo tuvimos tiempo suficiente para refrescarnos porque fuimos invitados por el Maj (más tarde Brig) Atmaram para cenar en su casa junto con otros oficiales del 20 SSB. Mary y yo interactuábamos con todos los oficiales y sus familias, y el ambiente, a diferencia de los regimientos, era muy liberal y casual. Disfrutamos de la fiesta, salimos de la casa alrededor de las 10:30 pm y llegamos a casa a las 10:45 pm.

La casa era un alojamiento contratado por el Servicio de Ingeniería Militar (MES) en *Idgah* 37 Hills, una localidad de lujo de Bhopal, una colina escénica con vistas a la carretera principal a Indore. El propietario de la casa era el Sr. Chopra, contratista que realizaba principalmente trabajos en las estaciones de trabajo y su esposa era médico. Era un edificio de varios pisos, y nos quedamos junto a la familia del propietario. Todos estábamos muy cansados y no teníamos la energía para abrir el equipaje y poner una cama adecuada para dormir. Abrimos una alfombra de lana, la extendimos por el suelo y tomamos algunas sábanas y mantas para cubrirnos. Hacía frío y ventoso esa noche. La localidad entera era pacífica y serena. Nos fuimos a dormir de inmediato.

Alrededor de las 12:40 a.m., todos nos despertamos repentinamente, estábamos tosiendo, nos ahogábamos y nos asfixiábamos, y nuestros ojos estaban ardiendo. Inmediatamente abrí el vidrio de la puerta corredera y la ventana. Se volvió terrible, y la irritación en mis ojos aumentó. Pensé que era una cantera de piedra caliza cercana desde donde se filtraba este gas penetrante. Cerré la puerta y la ventana. Estábamos aturdidos. Podíamos oír gritos fuertes y el arranque repentino de vehículos y cuernos. De repente, hubo un fuerte golpe en mi puerta principal y el médico gritó: "Mayor Sahib, sale una fuga de gas cianuro. Debemos irnos. Entréguese rápido en nuestro coche". Mary y yo cambiamos de ropa en un minuto, y los niños, todavía con sus ropas de dormir, en nuestros brazos, se metieron en el coche con la doctora y su familia. Nos apresuramos a la cercana estación militar, Bairagarh, a unos 10 km. El Sr. Su hijo conducía su auto Fiat; su hermana menor, el doctor y su cachorro estaban sentados en el asiento delantero, y cuatro de nosotros estábamos en el asiento trasero.

Miles de personas huían de la zona, buscando refugio en localidades cercanas. El pánico se apoderó de la ciudad mientras la gente corría por las calles, acompañada de sus vacas y búfalos, llevando todas las posesiones que podían. Algunas personas arrojaron piedras contra los vehículos, no por malicia sino en un intento frenético de detenerlos. Esperaban unirse a la huida y encontrar una manera de entrar en estos vehículos en medio del caos. Aquella noche, lo que comenzó como una serena tarde de invierno se transformó en un doloroso calvario de angustia y fatalidades sombrías, una noche de miseria, enfermedad y muerte terrible.

La historia de una nube asesina de gas venenoso que desciende silenciosamente sobre una ciudad desprevenida, afectando a más de 5.000.000 de ciudadanos, se estaba desarrollando lentamente.

Al llegar al **Centro del EME, Bairagarh,** el brigadier M. N. K. Nair, que más tarde se convirtió en general de división, estaba cerca de una columna de tropas, lista para moverse con unos veinte camiones militares. Los vehículos militares estaban en posición de partida con sus faros encendidos. Me acerqué a él, me presenté y ofrecí mi ayuda. Respondió con un simple "Bien". Desafortunadamente, ya ha fallecido, pero su memoria y logros siguen inspirando a aquellos que lo conocieron. Me preguntó si necesitábamos ayuda médica y nos ofreció té y galletas antes de continuar con su trabajo. Hacia las 4 de la mañana, recibimos información de las autoridades militares de que era seguro regresar a nuestros hogares.

Sin embargo, pudimos ver el caos y el éxodo continuar en las calles a nuestro regreso. Una vez de regreso a casa, el médico, su hijo y yo visitamos la Facultad de Medicina de Gandhi y el Hospital Hamidia. La vista que vimos en las primeras horas de esa fría mañana de diciembre fue desgarradora. Vimos una fila de cuerpos que se extendía desde la mezquita hasta el Colegio Médico

Gandhi. Algunos habían perdido la vida, otros se retorcían de dolor, muchos vomitaban y los transeúntes ofrecían agua a unos pocos. Eventualmente, el doctor sugirió: "Vamos a la Emergencia y veamos qué ayuda se necesita". Había cientos de cuerpos allí. El personal médico no estaba seguro de cómo manejar las multitudes de pacientes que esperaban. Hasta que las autoridades identificaron el gas, nadie sabía qué antídoto administrar. Al principio, la gente creyó que era una fuga de amoniaco, y luego sospecharon que era Phosgene. Más tarde en la mañana, confirmaron que el Metil Isocianato (MIC) se había propagado.

Bhopal tenía una población de 850,000 en 1984, y más del 60 por ciento de su población estaba tosiendo, quejándose de picazón en los ojos y la piel y enfrentando problemas respiratorios. Las aldeas y los barrios de tugurios del barrio, a menos de ochocientos metros de la casa del mayor Atmaram, donde celebramos la fiesta por la noche, soportaron la mayor parte de la tragedia. El gas causó hemorragia interna, neumonía y muerte a muchos miles. El gas se propagó hacia el sureste y no causó mucho daño a través de la **'Nala'**, separando la zona civil y los cuarteles de nuestros oficiales militares. Según informes de los medios, la fábrica de Union Carbide India Limited (UCIL), donde el MIC se extendió, no había seguido las precauciones de seguridad. Se tardó en dar la alarma. Los depósitos subterráneos de UCIL liberaron más de 42.000 kg de MIC. Más de 3.700 personas perdieron la vida inmediatamente y más de 1.500 personas a lo largo de los años. En los días siguientes se realizaron funerales y cremaciones masivas. Los árboles de las cercanías quedaron estériles. Los trabajadores se deshicieron de cadáveres de animales hinchados. Se recogieron y enterraron alrededor de dos mil búfalos, cabras y otros animales. Los suministros se hicieron escasos debido a los temores de seguridad. La gente creía que las aguas subterráneas estaban contaminadas. Las tiendas de verduras y comestibles fueron cerradas. Fue una noche que yo describiría como la noche de la Danza de la Muerte, una tragedia que nos perseguiría para siempre.

Dos tragedias significativas, cada una de las cuales dejó un profundo y duradero impacto en nuestras almas, nos obligaron a confrontar la naturaleza delicada de nuestras vidas y la implacable fuerza del destino. Los gobiernos han ofrecido compensaciones y apoyo a las víctimas, han intentado promover la armonía comunal, han fortalecido el cumplimiento de la ley y han mejorado las redes de inteligencia, pero hacer que los políticos rindan cuentas sigue siendo un desafío. El gobierno ha reforzado la seguridad industrial, establecido el Tribunal Nacional Verde, mejorado las políticas ambientales y buscado una mayor transparencia corporativa y participación pública, aunque persisten los problemas de aplicación e implementación.

En junio de 1987, me asignaron a la Compañía de Talleres FD como comandante oficial, al taller de brigada de la brigada Siachen y mi primer puesto como comandante oficial. Había estado en el ejército durante catorce años y medio y había ascendido a mayor. Era hora de que asumiera el cargo de comandante de una unidad del EME. El nombramiento era obligatorio para ascender al siguiente rango del teniente coronel.

Sobre El Camino Elegido

❖

Al estar de pie en el ***Khardung La Pass***, a segunda carretera motorizada más alta del mundo, sentí una euforia desbordante, mezclada con un ligero sentimiento de aprensión. La impresionante vista del paisaje circundante, con las montañas nevadas y la vasta extensión del valle de Ladakh a sus pies, era impresionante e intimidante.

Khardung La Pass es una de las puertas de acceso a algunos de los paisajes más encantadores, territorios menos explorados y muchas carreteras escalofriantes que conducen a los valles de ***Nubra*** y ***Shyok***. Bajé de mi jeep Willys para contemplar una vista panorámica. Vi un cartel que decía: «No permanezca aquí más de 30 minutos». La falta de oxígeno a estas alturas puede provocar mal de montaña, problemas respiratorios y edemas. En la cima hay otro cartel que dice: «Bienvenidos a la cima del mundo, la poderosa Khardung La, altitud: 5.483 metros».

No obstante, sabía que tenía que seguir avanzando para llegar a mi destino antes de que oscureciera y asumir el mando de una unidad EME que formaba parte de la Brigada, que estaba comprometida en el campo de batalla más alto del mundo, el glaciar de Siachen.

Recordé a mi familia. Mary acababa de aprender un poco de hindi en el uso cotidiano, y Sharon y Caroline tenían ahora ocho años y estudiaban en la tercera norma (ETD). No tenía sentido trasladarlos a Kerala, ya que los niños tendrían que aprender ***malayalam.*** Después de eso, mudarlos de vuelta a un lugar donde me destinarían tras mi permanencia en alta altitud sería un gran desafío. Por lo tanto, decidimos optar por el alojamiento en familias separadas en Bairagarh, que estaba cerca.

He encontrado muchos peligros, trabajos y trampas; la gracia me ha traído a salvo hasta aquí, y la gracia me llevará a casa. Dios nos protegerá, me dije a mí mismo.

Al llegar al taller EME, situado a una altitud de 3.658 metros (12.000 pies), el hogar del ***taller de la brigada 451,*** me dirigí directamente a la residencia del oficial comandante en funciones, mayor A. V. Arora. AV, conocido por su personalidad alegre y extrovertida, era un rostro familiar de un encuentro anterior en una reunión social. Había participado animadamente en un vals en la pista de baile.

Saludándome con una cálida sonrisa, dijo: "James, bienvenido al campo de batalla más elevado del mundo". Agregó: "Has llegado en el momento adecuado. Tanto Hema como Rekha están atrapadas en una grieta. Esa es nuestra tarea principal". Me preguntaba por qué las famosas actrices Hema Malini y Rekha estarían aquí en este lugar de alta altitud. Reconociendo su humor, respondí: "AV, ¿no es su rescate responsabilidad del comandante de brigada?"

Rápidamente aclaró: "James, Hema y Rekha son los nombres de nuestras motos de nieve recién importadas de Italia. Una grieta significa un abismo profundo en un glaciar, y es responsabilidad del EME manejar tales asuntos". Respondí: "Señor, ¿podría ser un poco más suave conmigo? No me coja por sorpresa así", a lo que se rió y me tranquilizó: "Muy bien, relájese. Explicaré todo en la oficina. Si está listo, podemos comenzar ahora o ir a la sala de los oficiales para tomar un café caliente primero".

Optando por el café antes de la reunión, nos dirigimos a la sala de oficiales. El comportamiento jovial de AV alivió el ambiente, y me sentí más cómodo cuando nos preparamos para conocer al comandante y a otros oficiales del Estado Mayor.

El comandante de brigada, brigadier C. S. Nugyal (más tarde Maj Gen C. S. Nugyal, PVSM, UYSM), un oficial alto y distinguido, ya estaba presente con sus oficiales de estado mayor. AV me presentó, diciendo: "Señor, este es nuestro nuevo oficial comandante de taller, James". El comandante le dio una cálida bienvenida y ordenó al **Mess Havildar** que sirviera café para todos. Mientras bebíamos nuestros cafés, escuché al comandante amonestar a un oficial de personal: "¡Nunca más hagas eso! ¡No toleraré tal insensibilidad!"

Las lesiones y bajas se producían diariamente en el glaciar. Las bolsas para cadáveres, diseñadas específicamente para estas circunstancias, estaban firmemente sujetas a las camillas del *helicóptero Cheetah* que regresaba. En previsión de más bajas, los oficiales de estado mayor proyectaron enviar bolsas mortuorias adicionales en el próximo vuelo de regreso. Esto molestó al comandante. Consideró que esta decisión era inapropiada e insensible a la situación actual, lo que le llevó a revocar el plan con firmeza.

La brigada había logrado una victoria convincente sobre las fuerzas pakistaníes y había capturado el **puesto de Qaid,** con vistas a la posición india en **Bila Fond la.** El 25 de junio de 1987 comenzó la operación. Yo había llegado a la brigada apenas una semana después de la operación. El QG estaba ocupado con demasiadas actividades de postoperación.

Siachen es el campo de batalla más alto del mundo. El glaciar Siachen se encuentra entre la cordillera de Saltoro, una subcordillera del **Karakorum**, al oeste, y la cordillera principal del Karakoram, al este. Tiene 75 km (47 millas) de longitud, lo que lo convierte en el segundo glaciar no polar más largo del mundo, después del Glaciar Fedchenko en Tayikistán. Los soldados permanecen en Siachen durante tres meses antes de ser rotados.

Las avalanchas y los deslizamientos de tierra son comunes en el glaciar durante el invierno, con temperaturas que caen a -60 grados centígrados. Los problemas médicos en el glaciar incluyen edema pulmonar de gran altitud, mareo agudo de montaña, congelación, hipotermia, ceguera de la nieve, grietas e incendios, y envenenamiento por monóxido de carbono.

Tuve que presentarme al día siguiente en el cuartel general de la brigada para mi entrevista con el comandante. Al entrar en la oficina, el ambiente sufrió un cambio notable. Un sentido de autoridad impregnó el aire. El comandante, una figura imponente de constitución atlética, proyectaba un carácter severo y serio.

"James", saludó con una voz profunda y gravelosa que complementó su severo comportamiento. "Por favor, tome asiento". Su bienvenida fue una cortesía militar habitual. Sus manos tamizaron hábilmente a través de una variedad de papeles en su escritorio, dejándolos a un lado solo después de que su mirada halcón hubiera escaneado cada uno. Entonces, su atención concentrada se volvió hacia mí, su mirada firme e inflexible.

"Bienvenido, James", comenzó, "Su predecesor ha hecho un excelente trabajo. Asegúrese de que nuestros Jawans estén motivados. Haga un excelente trabajo también y cuide de la sala de los oficiales". Asentí. "Sí, señor."

"Quiero que estudies la 'Operación Rajiv'. Hemos compilado un 'Informe de Acción Posterior' y un Modelo de Arena preparado con detalle. Por favor, familiarícese con ellos para comprender los matices más finos".

"Seguramente, señor", respondí.

"Y una cosa más", continuó, "Necesito su ayuda refinando las citas para los oficiales y jawans que mostraron gallardía en la operación. Su valentía merece el debido reconocimiento".

"Sí, señor", respondí, saludándolo. Cada tarea era una oportunidad de contribuir sustancialmente a la Brigada. Estaba comprometido a aceptar el desafío.

Recuerdo vívidamente que el estimado Bana Singh (más tarde capitán honorario) y el mayor Virendra Singh (más tarde brigadier) ganaron el Param Vir Chakra y el Maha Vir Chakra, respectivamente, por sus contribuciones. Podría ayudar a afinar la redacción de las citas. En medio de un clima inhóspito, nuestro infatigable equipo, compuesto por los comandantes y otros oficiales del Estado Mayor, trabajó sin descanso durante aproximadamente cuatro días y noches. Nuestra diligencia colectiva y nuestro compromiso inquebrantable garantizaron la terminación oportuna y el envío de los documentos pertinentes al escalón superior de mando.

Como comandante, mi responsabilidad principal era velar por que las armas y el equipo, incluidas las motonieves recién incorporadas de la formación desplegada en el glaciar Siachen, siguieran siendo utilizables. Debía dar a las tropas la confianza y el apoyo para que se concentraran en su misión. Sabía que esta era la mejor oportunidad para hacer lo mejor por los soldados.

El glaciar de Siachen no es solo un campo de batalla, sino también un testimonio del espíritu humano y la voluntad indomable de los soldados dispuestos a sacrificar sus vidas por su país. Mis tropas y yo tuvimos que movernos alrededor de la ubicación del equipo para asegurar su buen funcionamiento, inspeccionarlo, repararlo y hacer mantenimiento preventivo. Las tropas necesitan nervios de acero para mantener su moral. Solo su confianza y fe en Dios, esa fuerza intangible que absorbieron de sus padres, escuela y universidad, los hace seguir adelante.

Recordaba a menudo las líneas de mi canción de oración de la universidad en esas noches oscuras y solitarias en las altas altitudes.

"La noche es oscura, y estoy lejos de casa.

 Guíame en!

Guarda mis pies, no pido ver.

La escena distante, un paso más que suficiente para mí." (Cardenal Newman)

Había comenzado a integrarme en la cultura y el entorno de la brigada. Fue entonces cuando recibí una llamada telefónica urgente del Cuartel General del Batallón (QB de la Bn) indicándome que debía entregar las riendas de la unidad a un capitán y proceder al Cuartel General del Ejército (AHQ) en Nueva Delhi. Me seleccionaron para un curso sobre equipos electrónicos en Suecia. Conseguí un puente aéreo a Leh y luego fui al cuartel general del batallón (HQ de Bn). Al día siguiente, de nuevo, me trasladé a Chandigarh en un AN-32 (avión de transporte militar bimotor turbohélice diseñado y fabricado por la Oficina de Diseño de Antonov en Ucrania) y luego a Nueva Delhi.

Mi mandato fue realmente de corta duración, pero aprendí la lección de mi vida: estar con las tropas. Sabía que el liderazgo militar no es solo sobre empoderar a tu gente, sino también sobre ejemplo personal, sacrificio compartido e inspirar confianza. Ningún gurú de la gestión, institución de gestión o título puede enseñarte este arte del liderazgo en el que tus subordinados sacrificarán sus vidas por una causa que tú has establecido para ellos.

El Cuartel General del Ejército (CG del Ejército) me asignó al ***curso de RRX*** en Suecia y Noruega. Junto conmigo había otros tres oficiales y dos JCOs. Llegamos a Estocolmo en la segunda semana de septiembre. La temperatura era de 14 grados centígrados. Hacía frío. El centro de formación de Ericsson en Estocolmo impartió nuestra formación. Nos alojaron en un buen hotel, el Hotel Oden, en la puerta Oden (Östermalmstorg en Estocolmo, que es coloquialmente conocido como " La puerta de Oden' " o "Ödenplan"). El Sr. Bo Nordin fue el representante de la compañía que nos recibió en el aeropuerto y nos dio pases para los próximos catorce días.

Ericsson llevó a cabo la formación de manera muy meticulosa. El Sr. Tore Zander nos enseñó cómo leer y entender los diagramas de circuitos. Nos dio manuales completos, diagramas de circuitos y recursos similares. El centro de formación de Ericsson estaba a unos 35 minutos de nuestro hotel. Viajábamos en tren eléctrico. El metro de Estocolmo (en sueco: Stockholms tunnelbana) es un sistema de transporte rápido en Estocolmo. Desayunábamos en el hotel y almorzábamos en el centro de formación. Disfrutamos de la generosa hospitalidad de la empresa. En general, el entorno y el ambiente eran propicios para un buen aprendizaje y una excelente educación.

La segunda parte del curso, centrada en los equipos multiplex, se impartió en Noruega por EBA Corporation Oslo. Nos entrenaron durante menos de un mes en Oslo. Nos alojamos en un hotel increíblemente cómodo, el Triángulo. Para la parte final del curso, regresamos nuevamente a Estocolmo.

Ambos países me dejaron una impresión muy profunda. Suecia y Noruega son grandes países que encarnan lo mejor de lo que Europa ofrece.

Al finalizar el curso, me tomé dos semanas de licencia para visitar a mi cuñado, Joy Mullonkal, en Zurich, Suiza. Quería disfrutar de la Navidad con él y su familia. Había llegado a Zurich en 1978 y ya estaba bien establecido. Pensé que había visto suficiente de Europa en los últimos cien días, probado varios alimentos y estaba ansioso por descansar y comer algo de comida india. Pero mi cuñado tenía otras ideas. Ya había comprado entradas para París. Después de mucho persuadirlo, lo convencí de que cancelara las entradas. Al día siguiente, dimos una vuelta por la ciudad de Zurich.

Zurich es una ciudad mágica durante la temporada de Navidad. Cuando las temperaturas bajan y la nieve cae, la ciudad se transforma en un paraíso invernal, con luces brillantes y decoraciones festivas que adornan las calles y los edificios. La famosa Bahnhofstrasse es particularmente impresionante, con miles de luces parpadeantes sobre ella, creando una atmósfera mágica a la que es difícil resistirse. Cuando caminábamos por el lago de Zurich, la belleza alpina del telón de fondo era tan irresistible que hicimos planes para un viaje por carretera a Lucerna. El Sr. Joy inmediatamente habló con sus amigas, la Sra. Martha y la Sra. Trudy, y planeó un viaje. Martha y Trudy llegaron temprano en la mañana con su auto al día siguiente, y nos fuimos para el viaje por carretera a Lucerna, Suiza.

Martha conducía con Trudy como copiloto en el asiento delantero, y ambos estaban familiarizados con la carretera. Martha nació y se crió en Suiza. Habían venido a la India con el Sr. Joy, se quedaron en su casa y, coincidentemente, participaron en la ceremonia de bautizo de mis hijos. La carretera serpenteaba a través de exuberantes bosques y pueblos pintorescos, ofreciendo impresionantes vistas de las montañas cubiertas de nieve. Una vez que llegamos a Lucerna, compramos los billetes de tranvía en las máquinas expendedoras de la estación de tranvía. La ciudad tenía un sistema de tranvía eficiente y conveniente. Nos maravillamos con las impresionantes vistas del lago de Lucerna, rodeado por los Alpes nevados. La pintoresca ciudad combinó a la perfección belleza natural y encanto histórico, dejándonos recuerdos inolvidables.

En la víspera de Navidad, nos unimos a un servicio de iglesia a medianoche y cantamos villancicos. Nuestra comida festiva mezclaba la cocina india y suiza, y el aire estaba lleno de risas y amor, encapsulando el espíritu navideño.

Finalmente, después de casi cuatro meses, regresé a la India, llegando a Bhopal en la víspera del Año Nuevo de 1987. Mary y los niños estaban encantados de verme. Traje una variedad de regalos para ellos, incluyendo un VCR, un Video Cassette Recorder. Este dispositivo electrónico se utilizó ampliamente en los años 80 y 90 para grabar y reproducir vídeo y audio en casetes magnéticos. Hoy en día, está obsoleto y ha sido sustituido por tecnologías de grabación digital. Bailamos hasta las primeras horas del nuevo año, celebrando mi regreso y la llegada de 1988. En esa época, también recibí mi nueva orden de colocación: me uniría al taller combinado en Assam.

Lecciones de Adaptabilidad, Empatía, perseverancia e Integridad

En la tercera semana de enero me presenté ante la unidad. El oficial al mando era un oficial de grado de coronel. Una compañía de talleres sobre el terreno para mantener y reparar todo el equipo del QG Cuerpo y las unidades del Cuerpo, una Compañía de Talleres Intermedios para atender las reparaciones y el mantenimiento más allá del **Taller de Reparación en** la **Zona Corps** y una Compañía de Recuperación para recuperar los vehículos y equipos que se rompieron en la Zona del Cuerpo

Adaptabilidad. Había venido a Assam con la ambición de organizar la reparación del equipo de radio RRX (Suecia) y otros equipos de telecomunicación en la zona del cuerpo más eficientemente y para traer estándares mundiales de cultura de trabajo. Así que empecé a planificar una zona de reparación RRX de última generación y hice dibujos. Desafortunadamente, no había vacantes para mí en ese puesto. Sólo existía una vacante en la compañía de recuperación. Por consiguiente, asumí el mando como oficial al mando (OC) de la compañía. Además, yo seré el *secretario de la sala*. Nadie me preguntó siquiera sobre mi experiencia. Esto arrojó una breve sombra de decepción sobre mí. Sin embargo, había aprendido que la organización es más importante que las ambiciones personales y por lo tanto tomé la decisión con paso firme.

Empatía. Durante mi mando, un incidente angustioso se desarrolló. Sepoy Kerketta, el conductor de un vehículo de recuperación perdió trágicamente la vida cuando el vehículo cayó en picado en un desfiladero. Este desafortunado suceso ocurrió en el eje de Arunachal Pradesh, en ruta desde Bhalukpung a Sessa - Bomdila. Consumido por el dolor, informé de la pérdida de Sepoy Kerketta, un destacado jugador de hockey de Ranchi al comandante con lágrimas en los ojos. El funeral en una iglesia cercana grabó una imagen profunda en mi memoria. La vista de su joven esposa llorando su pérdida me atormentó particularmente. Incluso después de tres décadas, sus gritos desgarradores y su abrazo de su forma sin vida siguen siendo vívidos en mi mente. Este desamor sirvió como una llamada de atención crucial a lo largo de mi carrera en el ejército. Reflexionando hoy, me consuela que, a partir de ese momento, ningún vehículo durante mi mandato en las unidades haya tenido un accidente. He protegido cada vida bajo mi mando hasta mi jubilación.

Seguí al mando de la Compañía de Recuperación durante muchos meses más y tuve un impacto en la zona del cuerpo. Me moví hacia arriba y abajo del eje de recuperación de la zona del cuerpo. Disfruté de estos caminos de montaña en Arunachal Pradesh. Los caminos eran accidentados, sinuosos y traicioneros. Sin embargo, la belleza escénica era maravillosa. La carretera se convirtió en escombros y tierra en varias ocasiones, y las grandes curvas de horquilla eran estomacales, pero las vistas, sin duda, eran encantadoras. En esos días, el comandante del cuerpo era el teniente general T F Dias **PVSM, AVSM, VrC.** Durante la inspección de nuestra Compañía de Recuperación, él comentó que yo era un taco cuadrado en un agujero redondo. Había reunido información sobre mi formación en Suécia y Noruega.

En ese momento, el director Adjunto de Electrónica e Ingeniería Mecánica (DDEME) era el brigadier (que más tarde se convirtió en teniente general y director general del EME) JS Ahluwalia PVSM. Al mismo tiempo, el comandante (CO) era el coronel (más tarde brigadier) MK Dewan. A mediados de 1989, el Brigadier R Sridharan, un líder dinámico y asertivo que anteriormente había sido nuestro comandante (OC) en Thiruvananthapuram, sucedió a Ahluwalia como DDEME del Cuerpo. El comandante me ordenó que me reasignara de la Compañía de Recuperación a un puesto de mando oficial en la Compañía de Talleres de Campo lo antes posible. La responsabilidad principal de esta unidad era mantener los vehículos del cuartel general del Cuerpo. Pronto me hice cargo del puesto de oficial al mando del taller de reparación sobre el terreno. El papel de un taller de OC en un escenario de la zona del cuerpo en tiempo de paz recibió más visibilidad y reconocimiento que el papel de una compañía de recuperación de OC, lo cual contribuyó significativamente al crecimiento de mi carrera.

Mirando hacia atrás en esos días, me siento orgulloso de que mi desempeño como oficial al mando de la compañía de talleres de campo fuera ejemplar y apreciado por todos. Como resultado, me motivé para realizar aún mejor.

Integridad. En octubre de 1989, se descubrió una carta anónima en la que se detallaban numerosas irregularidades financieras contra los comandantes y el comandante del cuerpo tomó medidas al respecto. Se manifestó desconfianza entre los oficiales. Era evidente que algunos oficiales habían atacado al comandante. El comandante del cuerpo convocó a un tribunal de investigación encabezado por un brigadier y dos coroneles para investigar las acusaciones. Afortunadamente, no me enfrenté a acusaciones ya que era OC de la Recovery Company y no tenía fondos o subvenciones para comprar localmente. Se pidió al CO que se fuera de permiso durante la investigación, y yo me convertí en el CO Oficiante. Presenté todos los detalles fácticos a la Junta de Oficiales. Los registros muestran que el OC firmó principalmente, mientras que sus talleres de OC firmaron todas las compras locales. Si castigaban al OC, los jóvenes OC Workshops estarían implicados. El OC recibió su orden de traslado en unas semanas y se mudó. En el curso de oficiales superiores del EME, presenté un estudio de caso basado en la experiencia del coronel Dewan. Este estudio hizo hincapié en la importancia del liderazgo ético y las relaciones interpersonales en el mando. Me fue otorgado un grado de instructor en el curso, lo que allanó el camino para una posterior colocación en MCEME, Secunderabad, como instructor.

El Plan Divino. Siempre he querido dirigir una Compañía de Talleres. Sin embargo, no conseguí este puesto durante dos años.

Pero viendo la mala conducta financiera y las complicaciones resultantes, me di cuenta de la sabiduría detrás de mi no conseguir ese papel. Parecía como si un plan divino me protegiera, haciendo eco de las palabras de la Biblia,

"Cuando el tiempo es maduro: yo, el Señor, lo hará". (Isaías 60:22)

Me sentí agradecido, creyendo que tal vez la previsión divina me mantuvo a salvo.

Perseverancia. En junio de 1990, al aparecer la vacante, me trasladé finalmente de la empresa de talleres de reparación a la empresa de talleres intermedios. Mi tarea principal era mantener el equipo de radio RRX de Suecia y Noruega. Había esperado esta cita durante más de dos años. Inmediatamente establecí el puesto de reparación del RRX y escribí un informe de evaluación sobre la gestión del equipo de radio relé del RRX. Lo presenté al Mayor General de Electrónica e Ingeniería Mecánica (MGEME) del Comando Oriental en Calcuta y el DDEME, Brig R Sridharan en el QG del Cuerpo.

Tras su visita a la unidad, el MGEME elogió el taller de reparación del RRX y ordenó a mi homólogo en el Taller Combinado de Siliguri que visitara y aprendiera de nuestra exitosa instalación. Como oficial al mando de la compañía de talleres intermedios, supervisé el mantenimiento de los *cañones Bofors* y sus principales motores de un regimiento medio. También me ocupé de la reparación intermedia de componentes del vehículo, equipo electrónico y el equipo de retransmisión de radio RRX. Este cargo me permitió mejorar mi competencia profesional y lograr resultados notables. Mis esfuerzos fueron reconocidos y apreciados tanto a nivel del cuerpo como de mando. Mi mandato, que duró tres años y seis meses, fue el más largo.

Al reflexionar sobre mi experiencia en el taller combinado, sentí una conmovedora mezcla de orgullo y humildad. El camino estaba cargado de obstáculos y desvíos imprevistos, pero cada uno proporcionó valiosas lecciones en empatía, adaptabilidad, integridad, liderazgo ético y perseverancia. Finalmente, recibí una orden de colocación y mi siguiente asignación fue en el EME Bn en Dehradun.

El mayor D P Singh (más tarde brigadier) y yo nos preparábamos para mudarnos de Assam, a nuestros nuevos destinos. Decidimos compartir un camión para transportar nuestras pertenencias. Sus pertenencias se dirigían a Agra, mientras que las mías estaban destinadas a Dehradun. El día que salimos, 21 de mayo de 1991, nuestras familias nos acompañaron a la estación de tren de Guwahati. Justo cuando nuestro camión, cargado de posesiones, se estaba alejando, recibimos la impactante noticia del asesinato del ex primer ministro Shri Rajiv Gandhi. Este trágico acontecimiento ha sumido en un caos a los sistemas de transporte, causando cancelaciones de trenes y interrupciones en las carreteras. En medio de la confusión, con niños pequeños que cuidar, nuestra preocupación inmediata era la seguridad de nuestras pertenencias en el camión. El tiempo parecía estar en marcha mientras esperábamos una actualización sobre la salida de nuestro tren. Subimos a bordo del tren después de un frenético retraso de 8 horas, dejando atrás a Guwahati.

Al llegar a Dehradun asumí el mando del oficial que comandaba la compañía de talleres de tropas de la división (División), que se ocupaba del mantenimiento de los vehículos y el equipo del QG de la División y las tropas de la División. El aspecto más difícil fue que yo estaba tomando una unidad ya sobre ruedas, completamente cargada y lista para moverse para hacer ejercicio en la ubicación operativa.

El General de División (más tarde Teniente General y Contramaestre General, AHQ) M S Bhullar, el GOC de la División, era un maestro de tareas exigente. Acababa de hacerse cargo de la división de promoción. El general dejó claro que, si la calidad de las reparaciones era inferior, no dudaría en declarar a la unidad como no apta para la guerra. Añadió que su experiencia en la estación anterior con EME era insatisfactoria, de ahí su precaución hacia mí. Nos trasladamos a la ubicación operativa (OP) dentro de un mes de mi llegada.

Comandar una compañía de talleres de tropas de la división con sólo dos oficiales no fue fácil. A diferencia de las unidades anteriores, la formación estaba en movimiento. Durante el movimiento y la próxima misión, cada pieza de equipo sería explotada hasta el último detalle. El tiempo de inactividad del equipo era crucial para lograr resultados óptimos. Por lo tanto, seguimos las "reparaciones in situ" de los equipos de reparación móviles (MTR). Los equipos se desplazarían en vehículos de recuperación y repararían el equipo afectado. 'MOVE', seguía diciéndole a mis equipos de reparación mientras les proporcionaba el máximo de repuestos. Se intentó la *canibalización* siempre que fue posible. Nuestra unidad tuvo un rendimiento excepcional y fue apreciada.

Permanecí en Clementon, Dehradun, durante dos años, y fue cuando se estaba realizando el **sindicato del EME Corps**. El teniente general J S Ahluwalia, la DGEME, había venido a participar en el rafting de aguas bravas. Sabiendo que había servido bajo el mando del general en Assam, mi comandante me asignó a cuidarlo. El Tte. General Ahluwalia se alegró de verme y preguntó por mi bienestar. Cuando estaba a punto de terminar mi mandato, quiso ayudarme con un puesto de trabajo. Sin dudarlo, pedí Bengaluru (Bangalore). Para mi gran fortuna, él lo hizo realidad. Este encuentro providencial con el Teniente General Ahluwalia en Dehradun y la subsiguiente publicación en el Taller de Base en Bengaluru (Bangalore) impactó profundamente nuestras vidas, particularmente en lo que respecta a la educación de nuestros hijos. El distinguido general falleció hace unos meses.

En junio de 1993, me trasladé a un taller de la base del ejército en Bangalore, con El Brigadier R. Sridharan como comandante. Esta fue la tercera vez que trabajé bajo su dirección. El Brigadier Sridharan me puso a cargo de la División de Fabricación y Montaje (FAD), que yo veía como una oportunidad para crecer y transformarse ya que la División aún no había producido resultados notables. Adquirí un conocimiento inestimable sobre producción, gestión, fabricación de vehículos y configuración de la línea de montaje, y el papel crucial de un taller de base dentro del Cuerpo de Electrónica e Ingeniería Mecánica.

Durante este período de crecimiento profesional, mi vida personal tomó un giro desafortunado. Mi padre fue diagnosticado con cáncer de faringe, y decidimos seguir el tratamiento en el Hospital Amala en Trichur, Kerala. Como su condición requería radioterapia, viajé a Kerala varias veces para estar con él.

En 1995, experimenté alegría y dolor. Me sentí muy feliz de recibir la aprobación para el grado de coronel, pero quedé devastada por el deterioro de la salud de mi padre. Al mismo tiempo, mis hijos estaban entrando en su crucial 11o Estándar. De acuerdo con las reglas, ellos calificarían para la cuota de Karnataka en las escuelas de ingeniería si yo permanecía destinado en el área mientras ellos asistían a la 12a Norma. Por consiguiente, cuando llegó mi ascenso a coronel y me obligaron a mudarme, presenté un certificado de carrera desfavorable y solicité permanecer en Bengaluru durante un período prolongado. Estaba dispuesto a sacrificar mi carrera por el bien de mis hijos.

Mi padre falleció el 21 de mayo de 1996. Nuestra familia se reunió a su lado mientras respiraba por última vez. Él era mi roca, faro de esperanza, mentor, héroe y modelo. Reprimí mis emociones y participé en su funeral. A los setenta y cinco años, mi padre dejó un legado duradero. Antes de enfermar, construyó nuestra casa familiar, documentando cada detalle en un cuaderno. Este libro, que contiene cada recibo y detalles de la cuenta, simboliza su compromiso. Reveló que, durante su construcción, caminó 2.000 kilómetros en 18 meses. Una figura santa, es acariciado por todos en la familia. Antes de morir, expresó su satisfacción con su vida. Todavía vivimos en la casa que mi padre construyó.

La Búsqueda de La Excelencia

Me trasladé de Bengaluru a Mamun Cantt, cerca de Pathankot en Punjab, en mi nuevo puesto. Como nuestros hijos estaban en el 12º grado, mantuvimos nuestro alojamiento en Bengaluru.

El 18 de julio de 1996 comenzó un nuevo capítulo. Me hice cargo del 629 Batallón EME de manos del Coronel (más tarde Brigadier) BC Shukla. Había soñado con este momento durante años. El Batallón era vital, proporcionando apoyo de ingeniería a una División de Infantería. Dábamos apoyo a las tropas del cuartel general de la división, cuatro brigadas de infantería y una brigada de artillería. Nuestro batallón contaba con una compañía de cuartel general y cuatro compañías de talleres, apoyado por catorce oficiales excepcionales, aunque enfrentábamos una escasez de oficiales.

El General de División Arvind Kumar, el Comandante General (GOC) que más tarde dirigiría el Cuerpo Blindado, me ofreció ideas invalorables en nuestra reunión inicial en su oficina. Posteriormente, reuní a todos mis oficiales en el cuartel general del Batallón y les di una presentación en PowerPoint sobre nuestras Áreas Clave de Resultados (KRA). Quería que todos se concentraran e inspiraran. Presenté nuestro nuevo lema: "Búsqueda de la excelencia." No era solo un eslogan pegadizo; encarnaba nuestra misión.

Los oficiales trabajaron arduamente. Me sentí feliz de haber podido garantizar durante mi mandato una disponibilidad de piezas de repuesto cercana al 100%, especialmente para la artillería y el equipo de telecomunicaciones. Estas medidas proactivas llevaron a un estado de equipo fuera de servicio casi nulo, y el GOC valoró nuestros esfuerzos.

Llegó el momento de trasladarnos a nuestra ubicación operativa (OP), que estaba cerca. Con entrenamiento en todo tipo de terreno, mover el cuartel general del Batallón y el taller de la Compañía de Tropas de la División (Tps Wksp) a la OP fue sencillo para mí. El taller de reparación de la brigada (FRW) se desplazó según las órdenes de operación, y mi rol consistió en instruir a los oficiales al mando de FRW sobre sus funciones y los pasos a seguir. Estaba satisfecho con su desempeño. Baste decir que nuestro Batallón brindó el mejor apoyo de ingeniería a todas las formaciones durante el ejercicio y recibió elogios.

La señora Arvind Kumar, esposa del GOC, promovía activamente el bienestar familiar a través de reuniones y actividades sociales. Era una persona entusiasta y comprometida, capaz de galvanizar a las mujeres de toda la estación. Se mezclaba con ellas con el corazón en la mano.

Bajo la guía perspicaz de la Sra. Kumar, el enfoque inicial fue el Club de Damas, un centro social donde las mujeres de la comunidad se conectaban, compartían y se apoyaban mutuamente. Mary, mi esposa, fue una colaboradora devota y líder compasiva, asumiendo sus responsabilidades con gracia.

Las contribuciones de Mary al bienestar familiar del 629 EME Bn fueron notables. Junto con la Sra. Kumar, se centró en mejorar las actividades recreativas, especialmente en la mejora de la sala de cine local y en asegurar el estreno de nuevas películas en hindi. Esta iniciativa, que incluía funciones especiales para oficiales y sus familias, transformó el cine en un centro de interacción social y entretenimiento. El GOC y los comandantes de formación disfrutaban de las presentaciones en la sala. La Sra. Kumar apreciaba particularmente a Mary y su actitud realista.

Mary en la reunión de bienestar.

Comandar también implica guiar a las tropas para que comprendan sus funciones sin miedo. Siempre he trabajado para conectar con mis soldados, pues el liderazgo eficaz requiere capacitación, orientación y confianza en el equipo. La delegación adecuada es fundamental para el éxito de la misión.

El GOC escribió mi informe anual confidencial (ACR) en septiembre. Recibí una calificación sobresaliente, y el informe fue extraordinario en todos los aspectos. Nunca antes había recibido un ACR tan bueno.

De la Adversidad a la Victoria:
La Alquimia de la Resiliencia

Mientras firmaba mi ACR, el GOC me pidió que escribiera una apreciación del equipo en algunas piezas críticas de la formación, y que, si se encontraba "Apto para desguace", se desechara. Sin embargo, fue enviado antes de que pudiera completar mi apreciación y presentársela.

El nuevo GOC era el General de División Pawan Chhibber, del Regimiento. Antes de este nombramiento, estaba en la subdivisión de Secretario Militar (MS), AHQ. Seleccionó a algunos comandantes de brigada antes de asumir el cargo de GOC. Brigadier (posteriormente COAS, General) V K Singh PVSM AVSM *YSM* ADC reemplazó a Brigadier Wadhawan como comandante de brigada (Bde) en Samba, Jammu y Cachemira. Hubo algunos cambios más en los niveles superiores. Brigadier V K Singh era, en el lenguaje del ejército, un oficial muy bien calificado.

Unas semanas después de su toma de posesión, llamé a Brigadier V.K. Singh. Fue muy directo y sofisticado en su enfoque. Me dijo que el taller de campo OC de su brigada estaba haciendo un trabajo excelente. Le informé que estaba escribiendo una evaluación de equipo sobre un equipo importante del Regimiento Blindado y que la presentaría al GOC en breve. Un regimiento blindado apoyaba directamente a la brigada de infantería que estaba bajo el mando del brigadier V K Singh. Según recuerdo, no mencionó nada sobre la apreciación del equipo. Sin embargo, cuando me reuní con el GOC en presencia del DDEME, el difunto Brigadier Surinder Singh, con la apreciación del equipo, el GOC parecía molesto.

Habíamos llamado al GOC con una cita previa. Sin embargo, no mostró al brigadier mayor, un DDEME del cuartel general del Cuerpo, la cortesía habitual y no estaba dispuesto a leer la evaluación del equipo. Me dijo: "Los generales no trabajan así. Tú me dices cuál es el resultado neto de la apreciación. ¿Qué quieres hacer?". Le respondí que descartaría la mayor parte del equipo, que ya había sobrepasado su vida útil de manera gradual. Él dijo: "Lo siento, no harás eso". Empujó mi evaluación a la bandeja de salida y me dijo que la tomara. Gracias a Dios, no la tiró. Estaba visiblemente enojado. Ese fue el final de mi apreciación del equipo. Que el anterior GOC de un Regimiento Blindado lo quería así no le molestó. El DDEME se fue sin siquiera tomar el té con el GOC.

DDEME y yo no hablamos durante el resto de nuestro viaje en coche. Era un hombre muy sofisticado; se habría sentido insultado y decepcionado. No debí haber adoptado un enfoque tan ingenuo y simplista. Fue mi error. Una solución viable quedó enterrada. Pasaron otros siete años antes de que se pudiera desechar el equipo en cuestión. No tenía sentido mantener el equipo mucho más allá de su capacidad con pretextos o repararlo continuamente por miedo a que no se incorporara nuevo equipo. Esa era mi opinión. Tal vez había más factores en juego de los que no estaba al tanto y que el GOC sí conocía.

En mis días de juventud, adquirí la valiosa habilidad de no dejarme afectar por los reveses, sino usarlos como trampolín para rebotar con aún mayor entusiasmo cuando me veía acorralado. Estaba al borde de la ira del gobierno de la República Islámica de China por sugerir que desechara algunos de sus valiosos activos. Sin desalentarme, comencé a trabajar con más vigor y entusiasmo y establecí un centro de reparación de computadoras (CRC) en el cuartel general del batallón. El ejército estaba introduciendo computadoras en las formaciones. No podíamos enviarlas a áreas civiles para su reparación por razones obvias de seguridad.

El centro de reparación de computadoras se hizo muy popular y ganó reconocimiento en toda la zona del Cuerpo. Muchas divisiones incluso enviaban sus computadoras a nuestro centro para reparaciones.

El GOC se mostró encantado con el éxito del centro. Entendió que teníamos algunos "magos" con conocimientos de informática que podían aportar buenos puntos de entrada para su rama del ***Estado Mayor*** (GS). Un día me llamó a su oficina y dijo que quería digitalizar el patrón completo de disparos a través de la frontera durante los últimos diez años y me preguntó si podía asumir esta tarea. Acepté de buena gana, aunque era un trabajo tremendo.

Introducir los datos y luego analizarlos llevaría muchos meses. Informé al GOC que necesitaríamos al menos seis computadoras en una sala separada y que proporcionaría dos oficiales y dos computadoras del Batallón EME. La rama GS debería proporcionar cuatro computadoras y cuatro operadores adicionales. El teniente coronel Saini (posteriormente teniente general y vicejefe) proporcionó de inmediato toda la infraestructura y coordinó los esfuerzos. Aún recuerdo el rostro radiante del GOC cuando completamos el trabajo, trabajando día y noche durante dos meses. La informatización y el consiguiente cambio de actitud en el GOC fueron un logro importante para el Batallón EME. Fue la transformación de la adversidad en una plataforma de lanzamiento para el progreso, como un alquimista que convierte plomo en oro.

Mis diversas experiencias con estilos de liderazgo de naturaleza diversa y contrastada han iluminado una lección vital sobre el poder transformador del liderazgo y su capacidad para convertir las adversidades en oportunidades doradas. La actitud correcta, la aptitud y la planificación son cruciales cuando se enfrentan desafíos. Estos elementos pueden aprovechar el potencial de los miembros del equipo y conducir a resultados significativos. En esencia, la capacidad de transformar los obstáculos en oportunidades está a nuestro alcance, y el liderazgo es el crisol que facilita esa transformación.

De las Sombras a los Saludos: La Emergencia de Mujeres en el Ejército

En aquellos días, el ejército comenzó a reclutar oficiales mujeres, y nuestro batallón tenía escasez de oficiales. Así que pedí a la Subdivisión de Secretarios Militares (MS) del EME que nos asignara una oficial. Mi mentor en mi primera unidad en Chandimandir era ahora el Subsecretario Militar encargado de los destinos de los oficiales (Brigadier R S Batra), y él quería ayudarme. En consecuencia, asignó al batallón a una oficial mujer, la capitana Karishma. Era una oficial brillante, elegante y entusiasta, ingeniera informática, con una sonrisa constante, mucha iniciativa y espíritu. La nombré Ayudante y le pedí al segundo en el mando (2IC) que la entrenara.

La presencia de una mujer en solitario en nuestro batallón creó algunos problemas administrativos, especialmente en áreas como los servicios sanitarios y las tareas nocturnas, particularmente durante los ejercicios. También surgieron cuestiones sobre la etiqueta adecuada que los oficiales debían seguir en su presencia en el bar de la Sala de Oficiales y en la mesa. Además, debíamos garantizar la eficiencia militar en el Campo de Tiro, **BPET** y **PT**. Como oficial subalterna, protegerla de cualquier discriminación de género se convirtió en mi responsabilidad adicional. Ella convivía con otros oficiales solteros y tenía una buena relación con ellos. Sin embargo, una broma de un joven oficial en el bar de la Sala de Oficiales fue tomada en serio por ella, y se quejó de él.

El capitán Sudhir era un oficial fuerte y robusto. Ella tuvo una discusión con él en la Sala de Oficiales. Sudhir le preguntó por qué las mujeres debían ingresar al ejército si no tenían la misma fuerza física. Ella respondió: "Podemos hacer cualquier cosa que tú hagas. Mira al ejército israelí o al ejército de los EE. UU. ¿Crees que somos inferiores?" A lo que él replicó: "Sí, lo son. En un campo de batalla, si se te requiere hacer un 'ascensor de bombero' con un soldado, ¿podrías levantarlo y correr?". Ella respondió: "Sí". Entonces Sudhir dijo: "Bien, ahora levántame".

Los demás oficiales solteros estaban presentes y comenzaron a animarla, diciendo en coro: "Vamos, Karishma, ¡levanta... levanta!". Mientras Sudhir lanzaba su desafío, el entusiasmo habitual de Karishma se desvaneció momentáneamente. Sin embargo, su pequeña estatura, con una gracia sutil, escondía un espíritu inquebrantable. Miró con determinación a Sudhir, un hombre que dominaba casi siempre, y, con una chispa en los ojos, se subió las mangas y asumió la posición del 'ascensor de bombero'. Dijo: "Capitán, un campo de batalla no diferencia entre hombres y mujeres. Se trata de valor, estrategia y resistencia".

Con esfuerzo, levantó al imponente Sudhir sobre sus hombros. Su rostro, enrojecido por el esfuerzo, sostenía una sonrisa triunfante.

Gritos ensordecedores rompieron el silencio de la habitación. Karishma no solo había levantado a Sudhir; había levantado las nociones preconcebidas sobre las mujeres en roles de combate y las había desechado. Un suspiro se extendió por la habitación, seguido de aplausos estruendosos.

El acto de fuerza y coraje de Karishma se convirtió en un relato en el Batallón, transformándola en un ícono de resistencia e igualdad. Su sonrisa radiante regresó, simbolizando no solo su calidez, sino también su espíritu indomable. Ella demostró que la medida de un soldado no está en su fuerza física, sino en la magnitud de su valentía. Me di cuenta de que la moral y la motivación de los oficiales y soldados son lo más importante en una formación de combate. En esencia, el liderazgo consiste en entrenarlos adecuadamente y mantenerlos motivados como equipo.

Finalmente, después de dos años de comandar el Batallón EME, con la satisfacción de haber trabajado con dos GOC de enfoques y actitudes diferentes, llegó el momento de despedirme de Mamun Cantt. Tuve la suerte de contar con un buen grupo de oficiales. Había llegado mi orden de asignación: iba a ser instructor de clase A en MCEME, un momento de orgullo para mí.

Me incorporé a la Facultad de Ingeniería Industrial y Táctica (FIET) en el Colegio Militar de Electrónica e Ingeniería Mecánica (MCEME) como instructor. Después de seis meses, la Facultad de Electrónica me eligió como Editor de la Revista EME. La decisión era lógica, dada mi experiencia en ingeniería de comunicaciones, incluyendo cursos avanzados y extranjeros (RRX). Pronto, el colegio tendría un puesto vacante para el jefe del Departamento de Ingeniería de la Comunicación (HOD, CE). Así que me consideraron para el puesto de jefe de ese departamento en la Facultad de Electrónica (FEL) y como Editor de la Revista EME.

El decano de FEL era el difunto Brigadier Surinder Singh, quien había sido mi DDEME en la estación anterior, por lo que nuestra relación de trabajo fue excelente.

Al igual que en el Batallón 629 EME, tenía un buen grupo de oficiales jóvenes, dispuestos a trabajar día y noche y a producir resultados ejemplares. Su dedicación y sinceridad fueron extraordinarias. Creamos algunas de las mejores revistas, incluyendo el Número de la 7ª Reunión del Cuerpo EME, durante mis dos años de permanencia en FEL. En junio de 2000, tomé un permiso de estudio de dos años y me mudé a Bengaluru. Durante ese tiempo, profundicé mis conocimientos en informática al asistir a un curso aprobado por la Dirección MT en una escuela privada.

Mis hijos, Sharon y Caroline, se habían graduado y convertido en ingenieros. Caroline consiguió un trabajo en Bengaluru, y Sharon se preparaba para estudios superiores en los EE.UU. Caroline tuvo la oportunidad de trabajar en Maryland, EE.UU., durante tres meses y estaba muy emocionada. Más tarde, cambió de trabajo y se unió a Banco HSBC para operaciones de back-end. En septiembre de 2002, Sharon fue a Wisconsin, EE.UU., para realizar una maestría en ingeniería eléctrica y de comunicaciones, mientras Mary y Caroline se quedaban en Bengaluru.

Para entonces, había llegado también mi ascenso al rango de Brigadier. Estábamos muy felices por mi promoción a General de una estrella, aunque eso llevaría algún tiempo. En el ínterin, fui asignado como DDEME de una zona al concluir mi licencia de estudios.

Un Brigadier de Changanacherry

Me ascendieron a Brigadier al llegar al *taller de la base 508 del Ejército* en *Allahabad.* Ser promovido a *general de una estrella*, viniendo de Changanacherry, fue una ocasión trascendental, el pináculo de la euforia.

El 1 de octubre de 2003, me presenté en el taller 508, donde sustituí al Brigadier R. Sangam. Este ascenso fue motivo de particular orgullo para mí, dado que mis raíces están en la modesta ciudad de Changanacherry. Recuerdo que, en ese momento, no había residentes permanentes en Changanacherry con un rango militar similar. Así, este logro, en su sobriedad, fue tan significativo para mi ciudad natal como lo fue para mí. Incluso se informó en los periódicos en *malayalam.*

El taller de la base estaba estratégicamente ubicado dentro del histórico **Fuerte Allahabad,** erigido en 1583 por el emperador mogol Akbar, a orillas del **río Yamuna** y cerca de su confluencia con el **río Ganga.** Los británicos luego modificaron el fuerte, que incluía una residencia que se cree que Akbar construyó para Mariam-uz-Zamani, comúnmente conocida por el erróneo nombre de Jodha Bai. Su relación exacta con el emperador sigue siendo tema de debate, considerándosela a veces como su esposa o su nuera. De manera impresionante, recibimos esta residencia, cargada de historia, como la casa oficial para el comandante y MD del taller 508 de la base del Ejército. Tener la oportunidad de estudiar, vivir y servir en un lugar tan prestigioso fue un honor.

Al asumir el mando del taller de la base, lo primero que noté fue que, además de todas las reparaciones y revisiones de equipos del Ejército y modificaciones retroactivas, también nos encargábamos de coordinar aspectos administrativos con las autoridades civiles, especialmente en relación con eventos como el **Maghmela** y **Kumbh Mela,** así como otras exigencias religiosas de los peregrinos que solían acudir en masa al **"Triveni Sangam".** Este es un lugar sagrado para los hindúes, quienes creen que un baño en el Sangam limpiará los pecados de los devotos y los liberará de su ciclo de renacimiento, ayudándolos a alcanzar Moksha. Teníamos procedimientos operativos estándar (SOP) sobre gestión de desastres, apoyo a las autoridades civiles e instrucciones para manejar las multitudes civiles en áreas militares.

Todas estas responsabilidades administrativas, junto con el mando de unos 1250 hombres, suponían un reto. A esto se sumaba la notable escasez de oficiales en la unidad. La impresión general era que el taller 508 tenía una fuerza de trabajo resiliente que no se inmutaría ante la gestión.

Familia Ottathengal en la boda de mi hija

Esperé un tiempo antes de implementar cambios. La celebración del Día del Cuerpo fue un éxito, y pronto recibimos un nuevo grupo de oficiales. El Coronel S. S. Thakur se unió como *Gestor de obras*, y el Coronel (luego Brigadier) D. M. Raju asumió como Gestor de Producción. También se incorporó la Capitán S. Sugandha, nuestra oficial femenina, quien fue nombrada OCI del Grupo de Servicios de Taller.

Durante este período, tomé una licencia anual para asistir al matrimonio de mi hija Caroline con Sijo Jose, un profesional de TI radicado en Estados Unidos. La boda se celebró en Kerala, y poco después se trasladaron a EE.UU.

Otro evento importante durante mis primeros seis meses en el cargo fue la inspección administrativa por parte del DQ de zona. Después de la inspección, organicé un Sainik Sammelan en el terreno junto a mi oficina, donde anuncié tres días de vacaciones para todo el personal en celebración de la exitosa inspección. Todo el personal del taller de la base quedó atónito; nunca habían presenciado un estilo de liderazgo así en el taller de Allahabad. Algunos oficiales subalternos inteligentes (JCOs) se aseguraron de que el personal civil asistiera a la formación, pero luego se les permitió retirarse. Yo era consciente de los riesgos involucrados, pero decidí avanzar de esa forma.

Otro acontecimiento que impactó profundamente el ambiente laboral del taller ocurrió cuando escuché al secretario de la Unión Quila Karmachari gritarle a la Capitán Sugandha fuera de mi oficina. Pregunté al ordenanza en la entrada qué había sucedido, y me informó que el líder sindical había insultado públicamente a la oficial. Inmediatamente, le pedí a mi asistente personal, el Sr. Guha, que redactara una orden de suspensión para el Sr. S.K. Dubey, el líder sindical, y ordené una investigación inmediata. Esta suspensión conmocionó a toda la fuerza laboral, y el sindicato rival celebró el hecho. A partir de entonces, el comité de empresa comenzó a tomar en serio las inquietudes de la dirección, marcando un cambio positivo en la dinámica.

Durante mi mandato, descubrí que la esencia de un liderazgo eficaz radica en la valentía para tomar decisiones difíciles, especialmente aquellas que resuenan con tus principios y contribuyen al bienestar colectivo de la organización. Este viaje puede requerir alejarse de lo convencional; sin embargo, estos momentos realmente definen el liderazgo. Por ello, a quienes guiarán en el futuro, mi consejo es este: no retrocedan ante las decisiones difíciles que exige el liderazgo. Abrácenlas, pues son los crisoles que moldean tu carácter y definen tu legado.

Héroe Local

Como comandante, me complace compartir una historia divertida sobre mi papel involuntario en la apertura no oficial de un puente crucial sobre el sagrado río Yamuna en Allahabad.

Con la visita de la DGEME acercándose, decidí hacer un reconocimiento para determinar la ruta más eficiente para escoltar a nuestro distinguido invitado al nuevo Plan de Ubicación Clave (*KLP*). El camino tradicional, a través del puente Old Naini, era famoso por su congestión y largos tiempos de viaje. La idea de considerar el aún no inaugurado Atal Setu como una alternativa era tentadora. Acompañado por mi leal Subedar Mayor, encontramos unas rocas bloqueando el paso en el lugar.

El Atal Setu, un puente moderno de cuatro carriles con cables de acero, fue construido para aliviar la tensión en el histórico puente Old Naini, que data de 1860. Aunque aún no había sido inaugurado, se construyó para conectar Prayagraj con Naini y el nuevo sitio del KLP en Cheoki, proporcionando un enlace esencial con la ciudad sagrada de Varanasi.

Una pequeña multitud de lugareños se había reunido para admirar esta maravilla arquitectónica. Sin intención de abrir oficialmente el puente, mi Subedar Mayor, D. Madhusoodhanan Nair, simplemente pidió a los presentes que retiraran las rocas para que pudiéramos cruzarlo temporalmente. Tras despejar los obstáculos, me convertí en la primera persona en cruzar el imponente Atal Setu, para deleite de los espectadores. Al día siguiente, los periódicos locales de hindi sensacionalizaron mi cruce discreto, acreditándome la inauguración no oficial del puente. La noticia se esparció rápidamente, y los lugareños lo interpretaron como una señal de que el puente estaba ahora abierto al público. Sonrío al recordar las consecuencias no previstas de aquella misión de reconocimiento, en la que el destino parecía tener otros planes para mí.

Después de duplicar los objetivos de producción, el enfoque se dirigió al sitio de KLP en Cheoki, trasladando la carga máxima de vehículos especializados a esta ubicación. Hoy, 18 años después de dejar el taller 508, me enorgullece ver que todo el 508 ABW se ha trasladado a Cheoki, gracias al continuo interés de los sucesivos comandantes en el proyecto.

Mi tiempo en el taller 508 fue breve, de solo 18 meses. Sin embargo, una década después, en 2015, decidí visitarlo nuevamente. La efusiva bienvenida del personal me conmovió profundamente. Mi esposa Mary, quien me acompañó, expresó su sorpresa, diciendo que no se había dado cuenta en ese momento de cuánto nos apreciaban.

Una agradable sorpresa llegó durante la temporada navideña de 2005, cuando inesperadamente se me pidió que sirviera como comandante de subárea por un día en Allahabad Cantt. Durante ese tiempo, el coronel Q me solicitó asistencia para un oficial civil del Ministerio de Defensa que necesitaba transporte para visitar Ayodhya. Aunque no conocía su identidad en ese momento, más tarde recibí una llamada de este oficial, quien expresó su deseo de visitarnos con su familia. Resultó ser responsable de las asignaciones de los brigadieres del Ejército Indio y se encontraba en MSX, AHQ.

Durante su visita, me preguntó si tenía alguna preferencia para nuestra próxima asignación. Le respondí que nos gustaría un puesto en el sur de la India. Tras una breve pausa, sugirió una vacante en el Cuerpo Nacional de Cadetes (NCC) en Thiruvananthapuram. Si el director general del NCC aceptaba, nos asignarían en unos tres meses.

La emoción nos invadió cuando la orden de traslado llegó, destinándome a Thiruvananthapuram por segunda vez en mi carrera militar. Este acontecimiento parecía algo casi predestinado, llevándonos nuevamente a un lugar cercano a nuestro corazón, un lugar donde comenzamos nuestro viaje juntos. Para nosotros, esto era más que un simple puesto; representaba el cierre de un círculo.

Me llenaba de alegría la idea de volver a vivir los encantos de las playas de Kovalam, los serenos remansos y las colinas de Munnar. Tener a Mary a mi lado para revivir estos recuerdos durante el servicio era un regalo invaluable. A muchos les parecería un simple traslado, pero para nosotros fue como ganar la lotería por segunda vez. Era un recordatorio de que, en el impredecible viaje de la vida, a veces la fortuna nos sonríe en múltiples ocasiones.

Los ojos de Mary brillaban de emoción. Estoy convencido de que la Virgen María siempre nos ha guiado y protegido. En esa Navidad de 2005, no pude evitar sentir una profunda gratitud por esta maravillosa sorpresa. La vida trabaja de maneras misteriosas, a veces llevándonos de vuelta a los lugares donde nuestro corazón siempre ha estado.

Mi mando del taller de la base 508 del ejército fue efímero y solo duró 18 meses. Una década después, en 2015, decidí volver a visitar la unidad. La efusión de afecto del personal me abrumó. Mary, que me acompañó en la visita, expresó su sorpresa y señaló que no se había dado cuenta durante nuestro tiempo en Allahabad de lo mucho que nos cuidaban.

Mi historia en el 508ABW terminó con una deliciosa sorpresa durante la temporada navideña de 2005. Inesperadamente, se me pidió que sirviera como comandante de subárea por un día y acepté la responsabilidad sin vacilar. Mientras estaba en la oficina del comandante de subzona en la zona de Allahabad Cantt, el *coronel Q* se acercó a mí para pedir asistencia para un oficial civil del Ministerio de Defensa. El oficial quería transporte civil para visitar Ayodhya.

Abordé la situación de manera positiva. En ese momento, no sabía la identidad del oficial. Sin embargo, más tarde recibí una llamada de él expresando su deseo de visitar mi casa con su familia. Además, se reveló que era el responsable de la sección que se ocupa de los puestos de los brigadieres del ejército indio y estuvo en MSX, *AHQ.*

Mientras estaba en la casa, me preguntó si tenía alguna opción de ubicación para nuestra próxima asignación. Le dijimos que preferiríamos un puesto en algún lugar del sur.

"¿Qué tal si posiblemente se va fuera del Cuerpo de EME?" preguntó.

"Bien. No tengo ningún problema", respondí.

"Bueno, señor", se detuvo un segundo. Miró a Mary.

"Hay una vacante en Thiruvananthapuram. Es en el Cuerpo Nacional de Cadetes (NCC). Podría poner su nombre al director general del NCC. Si el funcionario acepta, recibirás la publicación en los próximos tres meses."

Estaba extasiada y agradecida por esta extraordinaria oportunidad.

Como se había prometido, emitió la orden de traslado en el plazo de tres meses.

Una cascada de emociones me invadió cuando recibí la orden de publicación. Estaba destinado a Thiruvananthapuram, y sorprendentemente, por segunda vez en mi carrera militar. Reconocí plenamente la rareza de tal acontecimiento. Ser enviado a este idílico lugar una vez fue una bendición, pero dos veces...

Parecía que las estrellas se habían alineado, creando una narrativa del destino específicamente para Mary y para mí.

La perspectiva de estar rodeado por la familia, el calor de la lengua materna y los paisajes nostálgicos a medida que me acercaba a mis años crepusculares en el ejército era reconfortante. Esto era más que un simple puesto; marcaba un círculo completo desde donde Mary y yo comenzamos nuestro viaje militar como compañeros de vida. Y estábamos a punto de terminarlo en el mismo lugar donde empezamos.

Tenía recuerdos de las irresistibles playas de Kovalam, los tranquilos remansos que reflejan el cielo azul, y las colinas ondulantes de Munnar y los interminables jardines de té. Pero ahora, la idea de reexperimentarlos todos mientras estoy en servicio y con Mary a mi lado llenó mi corazón de alegría.

Para muchos, podría parecer solo otro anuncio. Pero era como si hubiera jugado dos veces una máquina tragamonedas y hubiera golpeado el bote ambas veces. Fue un recordatorio de que, en el vasto e impredecible viaje de la vida, a veces la fortuna puede favorecernos de la misma manera, no una vez, sino dos. Algunos se toman un descanso; yo los atrapo en pares y tríos. Dios me está guiando todo el camino. Puedo verlo muy claramente. Los ojos de María brillaban excitadamente. La Madre María siempre me ha guiado y ayudado. Fue un testamento de mi fe y confianza en su guía divina. No pude evitar sentir una inmensa gratitud por la deliciosa sorpresa que nos había traído la temporada de Navidad de 2005. La vida trabaja de maneras misteriosas; a veces nos lleva de vuelta a donde están nuestros corazones.

Preparar a Los Jóvenes

El 23 de junio de 2023, viajé en el asiento trasero de un automóvil hacia el St. Berchmans College para una reunión en la recién formada Academia de Defensa de Berchmans. Cuando nos unimos a la carretera principal, el coche zumbaba suavemente. El conductor me miró por el espejo retrovisor. "Señor, ¿puedo preguntar cuándo se jubiló del servicio?», preguntó.

Me incliné hacia adelante, con la curiosidad encendida. "Me jubilé en 2008. ¿Por qué lo pregunta?» «Bueno, señor», comenzó el conductor, «yo estaba en la NCC en la escuela en 2009. Solía ver su nombre y foto allí. Supongo que no lo actualizaron después de su jubilación». Una suave sonrisa calentó mi rostro mientras los recuerdos de aquellos días regresaban. «Ya veo. ¿Seguiste con la NCC después de la escuela?»

Sus ojos se encontraron con los míos en el espejo. "Sí, señor. Incluso me seleccionaron para participar en el desfile del Día de la República en Nueva Delhi en 2010". "¡Felicitaciones!" exclamé, aunque una punzada de tristeza me golpeó. Este joven prometedor ahora conducía un coche en vez de servir en el ejército. Me preguntaba dónde nos habíamos equivocado en preparar a nuestra juventud para el liderazgo. Nos movíamos en silencio por un momento antes de que yo preguntara: "¿Entonces, ¿cómo llegaste aquí, conduciendo para el *"Insituto St. Berchmans ?"*

Suspiró, con la mirada fija en el camino. "Gano alrededor de 15.000 rupias al mes haciendo esto, señor. Mi padre solía trabajar en este mismo colegio. Mi padre murió cuando yo estaba en la escuela. Después de terminar mis estudios, no tuve más opción que aceptar un empleo". Sus palabras resonaron profundamente en mí, arrastrándome al silencio reflexivo.

Este diálogo despertó viejos recuerdos y planteó una pregunta inquietante. La historia del conductor representa a los muchos jóvenes prometedores que conocí como Subdirector General (DDG) de la NCC en Thiruvananthapuram, Kerala, entre 2005 y 2008. Me hizo reflexionar sobre mi propio viaje, los desafíos y las transformaciones que he abrazado para guiar a la juventud de nuestra nación.

Mi permanencia en DDG fue más allá de cumplir metas o alcanzar hitos. Toqué vidas, forjé futuros y marqué una diferencia real. Este viaje no solo se trató de las personas maravillosas que conocí y las vidas que impactamos, sino también de mis propias experiencias personales.

En última instancia, la esencia del objetivo de la NCC resuena claramente: no solo estamos entrenando a individuos para un desfile, sino que estamos moldeando a los líderes del mañana. Cada cadete y cada individuo importa, y ese es el espíritu de la NCC que deseo presentar en este capítulo. Cuando me convertí en el Director General Adjunto (DDG) del NCC en Thiruvananthapuram, Kerala, en 2005, tenía un gran equipo que dirigir. Había oficiales, personal militar, trabajadores civiles y oficiales asociados de la NCC. La parte más emocionante fue guiar a 75,000 estudiantes de la NCC.

El teniente general M C Bhandari AVSM & Bar, DG NCC, me había invitado al Desfile del Día de la República de 2005, ya que mi cargo como DDG NCC K&L ya estaba oficializado. El perfecto atuendo, estilo de marcha, saludos y comportamiento general de los cadetes del NCC fueron impresionantes.

En mi primer año, Mary y yo viajamos extensamente por Kerala, cubriendo unos 150,000 kilómetros y visitando el Cuartel General del Grupo y los Batallones. Rápidamente me di cuenta de que las cosas no eran tan perfectas como parecían en Nueva Delhi. Muchos estudiantes tenían uniformes que no se ajustaban correctamente. Quería que se vieran lo mejor posible, así que traje un equipo de Nueva Delhi para ayudar a arreglar los uniformes. También necesitábamos mejores zapatos y sombreros para los estudiantes.

Los oficiales asociados de la NCC (ANOs) son maestros de colegios y escuelas. Comencé reuniones especiales para que ellos aprendieran más. Al principio pensé que mi trabajo principal era hacer que nuestro equipo de la NCC de Kerala fuera el mejor de la India. Pero luego me di cuenta de que mi mayor objetivo era ayudar a todos los estudiantes a convertirse en buenos líderes. Mejoramos el rango de nuestro equipo, pero yo estaba más orgulloso de ayudar a los estudiantes a crecer. Necesitábamos trabajar más allá del lema de la NCC: "Unidad y Disciplina".

Los medios me apoyaron de todo corazón. El apoyo de la prensa y los medios visuales fue tan abrumador que me convertí en una celebridad instantánea. El Ministro Principal, Sr. Oommen Chandy, y yo éramos exalumnos del St. Berchmans College, por lo que podía acercarme a él en cualquier momento; siempre aceptaba mi invitación para cualquier función de la NCC.

Con el Ministro Principal Oommen Chandy y el DGNCC

También trabajé con el gobierno de Kerala para ayudar a los estudiantes de la NCC a obtener notas de gracia en los exámenes escolares. Estas calificaciones adicionales les permitieron ingresar en buenas universidades. El Ministro Principal y otros funcionarios nos ayudaron inmensamente.

Las elecciones legislativas del estado de Kerala se celebraron en abril y mayo de 2006 en tres fases, y el recuento de votos tuvo lugar el 11 de mayo de 2006. Durante este período, Kerala experimentó la fiebre electoral. La gente se refiere a menudo a las elecciones como el festival de la democracia. Lo vi de primera mano. El gobierno de la UDF, dirigido por el Sr. Oommen Chandy, fue eliminado, y el Frente Democrático de Izquierda, dirigido por el líder del Partido Comunista, Sr. VS, se convirtió en Ministro Principal, y el Sr. M A Baby se convirtió en Ministro de Educación.

Con su apoyo activo para la NCC, aseguramos tierras en Akulam, Quilon e Idukki. Me complace que los DDG/DG posteriores hayan establecido muchas instalaciones de capacitación en estas tierras.

Celebramos un campamento especial de integración nacional (NIC) en Lakshadweep. Pallam Raju, Ministro de Estado de Defensa, y el DGNCC asistieron a este NIC especial en Lakshadweep. Este campamento fue la primera vez en la historia de la NCC que se llevó a cabo un campamento nacional en las islas Lakshadweep. Este logro ha sido un añadido a la organización de la NCC y a la Dirección de K & L.

Ya sea que hayamos discutido la actualización de los activos del Escuadrón Aéreo en Thiruvananthapuram o el Escuadrón Remount y Veterinario *(R y V)* en Mannuthy, el DGNCC siempre proporcionó apoyo completo. En resumen, tanto el Gobierno central como los gobiernos de los estados nos ofrecieron un apoyo inquebrantable.

El Gran Abrazo de Changanacherry: La historia de 555 Cadetes de la CCN

Mi querida alma mater, el St. Berchmans' College, se convirtió en el telón de fondo de un Campamento de Integración Nacional que tocó los corazones y sembró unidad entre diversas culturas. La ciudad se convirtió en un espectáculo, con un gran desfile de jóvenes cadetes del NCC: niños que caminaban hombro a hombro, con su energía palpable. Este ambiente se enriqueció aún más con la presencia de cuatrocientos cadetes del estado de Kerala. Las calles se hicieron eco de sus cantos, y cada eslogan fue un testimonio de la rica diversidad cultural de la India. Llevaban carteles coloridos que resonaban profundamente con nuestra comunidad, afectando a todos los que los presenciaron. Los cadetes, con sus atuendos tradicionales, fueron una atracción adicional.

La decisión innovadora y reconfortante de la ciudad de Changanacherry de adoptar a los cadetes hizo que este Campamento Nacional de Integración fuera diferente. Cada uno de los concejales municipales de los barrios del municipio se encargó de acoger aproximadamente quince cadetes, y había treinta y siete barrios en el área municipal de Changanacherry. Estas personas de buen corazón dieron la bienvenida a sus hogares a 555 cadetes, brindándoles un trato tradicional y una visión del modo de vida local. Los cadetes recibieron visitas guiadas a lugares de interés y localidades importantes, lo que les permitió conectarse con el alma de la ciudad.

Esta iniciativa única fomentó un sentido de pertenencia y camaradería, acortando la distancia entre los cadetes y la comunidad local. Los cadetes de diversas regiones de la India pudieron presenciar la procesión del festival musulmán con elefantes, llamados *"Chandanakudam"*, siendo recibidos en el templo hindú cercano.

Los cadetes respondieron abrumadoramente, genuinamente conmovidos por la calidez, el afecto y la hospitalidad que mostraron los ciudadanos de Changanacherry. Se destacó la naturaleza inclusiva de Changanacherry, donde los vínculos se forman y se atesoran a través de las generaciones. Este acto dejó una impresión indeleble en todos los afortunados que lo presenciaron, mostrando la belleza de Changanacherry y el espíritu armonioso que define nuestra ciudad.

Este fue el gran abrazo de Changanacherry. Fue un hermoso testimonio del poder de la conexión humana y de la voluntad de personas de diferentes ámbitos de la vida para unirse en el espíritu de unidad.

A medida que la NCC cobraba impulso, realizamos numerosas actividades de servicio social con escuelas y colegios, incluyendo campañas de donación de sangre y concienciación sobre temas críticos como el SIDA, el cáncer, la forestación, la degradación ambiental y la amenaza de la dote. También nos propusimos honrar a las familias de valientes soldados que hicieron el sacrificio supremo al servicio de nuestra nación. Promovimos actividades de aventura y deportivas: caminatas organizadas, campamentos de escalada y hasta vuelos en micro-luz y globos de aire caliente. Nuestro escuadrón de R&V en Mannuthy también participó en los Campeonatos Ecuestres, ganando numerosos premios.

Nuestros esfuerzos dieron frutos cuando los cadetes de la dirección del K&L NCC participaron en el campamento Thal Sainik celebrado en Nueva Delhi, ganando muchos laureles. Las cadetes nos hicieron sentir orgullosos al asegurar varios trofeos.

El Ministro Principal de Kerala siempre fue el invitado principal en las celebraciones del NCC Day, que se celebraban en la prestigiosa sala de convenciones de Thiruvananthapuram, el Victoria Jubilee Town Hall (**Sala VJT**). El Sr. Oommen Chandy honró la ocasión el 27 de noviembre de 2005, mientras que el Sr. V S Achuthanandan fue el invitado principal en noviembre de 2006. Otro logro notable fue cuando las cadetes ganaron el trofeo de Mejor Grupo de Baile en los Campamentos del Día de la República en 2006 y 2007. Tras su regreso triunfal, fueron recibidos por el gobernador en el Raj Bhavan en reconocimiento a sus logros. El Día de la NCC 2007 transcurrió sin problemas. En ausencia del CM, el gurú espiritual de la Dirección y Arte de Vivir del Sur de la AOC-in-C, Shri Sri Ravi Shankar, participó en la función.

Mientras me siento junto a la ventana, tomando mi té de la tarde, los recuerdos de mi pasado inundan mi mente. Algunos eventos y períodos de la vida dan forma a nuestro futuro, y mi tiempo con el Cuerpo Nacional de Cadetes (NCC) se destaca entre ellos.

Un recuerdo que resuena particularmente es el esfuerzo del **Grupo NCC Kottayam** para asegurar la prestigiosa bandera del Ministro de Educación. Esta búsqueda trascendió un mero reconocimiento; personificó la tenacidad del comandante de grupo y los comandantes de batallón en medio de la adversidad. A pesar de estar eclipsado por un legado de logros anteriores, el espíritu inquebrantable de los cadetes, la astucia de los oficiales y la fe implacable de cada miembro fueron las piedras angulares para su eventual triunfo. Las estrellas brillantes fueron el cadete Jeethu Elsa Cherian Chacko del Colegio Baselius, Kottayam; el cadete Justin George Vayalil del Colegio K E Mannanam; el cadete Appu George del Colegio St. Thomas, Pala; y **Bineesh Thomas del instituto S B** Changanacherry. Bineesh, bajo la sabia guía de sus oficiales superiores, emergió como un faro luminoso para muchos a seguir.

Otra historia es la de **Shanid Nilfaur, del Grupo Calicut**. Su relato resume el poder transformador del NCC. De ser un joven que luchaba por superar las expectativas sociales y las barreras lingüísticas, se convirtió en un faro de inspiración, fortalecido por sus mentores, compañeros y, sobre todo, por el aliento de sus padres y el sabio consejo de su abuelo. Fue seleccionada para el Día de la República en su tercer intento y estuvo a punto de ser elegida como la mejor cadete de la India. Pero, desafortunadamente, cayó al barro con el rifle justo antes de la última ronda de la competencia de tiro. No logró limpiar bien el rifle antes de disparar y perdió el título de mejor cadete por unos pocos puntos. A pesar de esto, fue seleccionada para el Programa de Intercambio de Jóvenes. Hoy en día, vive en Dubái como una emprendedora exitosa y lleva una vida felizmente casada.

De manera similar, la historia del **Grupo Kollam** ilustra cómo los buenos mentores pueden moldear el destino de los cadetes. La inesperada incursión de **Vidyaprabha** en el mundo corporativo comenzó con una reunión informal con el comandante del Grupo en un comedor del NCC, lo que demuestra el impacto que una conversación puede tener. Cada historia de éxito que hemos tenido es como una melodía cantada al unísono por cada individuo dentro de esta gran organización.

Una vez, mientras asistía a un festival de Onam en Nueva Jersey, EE.UU., me sentí abrumado por la alegría al conocer a Cadete **Vandana, del Grupo Trivandrum,** quien estaba realizando una danza grupal. Es actriz, directora y profesional de la salud certificada en Cine, felizmente casada y establecida en los EE. UU.

Al reflexionar sobre mi mandato de tres años en mi estado natal, mi corazón se llena de orgullo, humildad y un tinte de anhelo. Los salones de mi memoria resuenan con la risa, la energía y los sueños de los cientos de jóvenes cadetes a quienes he tenido el privilegio de ser mentor, guía y amigo. Se aventuraron al mundo con corazones ardientes y mentes ansiosas por conquistar sus sueños en campos tan diversos como la defensa, la policía, la tecnología, la danza, el emprendimiento, el cine, la actuación, la música y la banca. Sus logros llenaron mi corazón de alegría, pero al mismo tiempo, un profundo anhelo me consume al pensar en aquellos que no lograron alcanzar sus sueños.

De Vuelta a Las Raíces

Mi ciudad natal, Changanacherry, siempre ha tenido un encanto único para mí. Cuando me fui a la Academia Militar de la India en Dehradun, prometí regresar a este preciado refugio donde nací. Después de treinta y siete años de servicio a nuestro país, finalmente regresé a casa, y mi corazón se llena de alegría.

Esta ciudad moldeó mis valores y me guió a lo largo de mi vida. Hoy, me siento orgullosa de que su influencia haya sido la base de quien soy. Mi querida madre, que todavía está con nosotros, me calienta el corazón de una manera que no puedo expresar. Ahora, puedo disfrutar de sus canciones, escuchar sus historias sentada a sus pies y empaparme de su afecto.

La sinfonía de los pájaros cantores sacudió la primera mañana, y sus cantos contrastaban marcadamente con los toques de corneta y los disparos de los cuarteles. Mary no estaba familiarizada con Changanacherry, con sus matices y sutilezas. Así que decidí que era hora de que ella conociera mi lugar de nacimiento, y nuestra primera parada fue la bulliciosa zona del mercado.

Biran Kutty, un viejo amigo, y su esposa, Aisha, se cruzaron en nuestro camino durante nuestro paseo matutino. Como vicepresidente del Comité del Congreso del Distrito, fue el primero en informarme sobre mi nominación como miembro de dicho Comité. La sorpresa en su voz reflejó la mía: "Brigadier, ¡usted es afortunado, señor!". Aisha, una maestra de escuela primaria, intervino y se ofreció a ayudar a Mary a encontrar vendedores locales y contratar empleadas domésticas, tranquilizándonos con una cálida sensación de pertenencia.

Entrar al mercado de Changanacherry fue como adentrarse en el corazón de la actividad de la ciudad. La escena era nada menos que hipnotizante. La zona del mercado rezumaba vitalidad, albergando un bullicioso mercado de pescado, un mercado de verduras y uno de comestibles que atendían las diversas necesidades de la comunidad local. Aunque la era de los carros de bueyes que transportaban mercancías desde las afueras de la ciudad ya es parte del pasado, el mercado sigue prosperando como un centro neurálgico del comercio y un crisol de interacciones comunitarias. El mercado de Changanacherry sigue siendo un testimonio de la rica historia de la ciudad y de su importancia como destino comercial vital. El venerado monumento *"Anchu Vilakku"* se alza imponente, simbolizando la unidad entre los diferentes grupos étnicos y religiosos de la región.

En las semanas siguientes, nuestra rutina tomó forma. Cada día era un descubrimiento de la ciudad y su gente. Me sorprendió gratamente la afluencia de invitaciones para participar en diversas actividades comunitarias un mes después de mi regreso. Todos querían que me uniera a ellos, desde el Club de Leones y la Asociación de Antiguos Alumnos del instituto S B hasta el Proyecto del Museo Arzobispo Kavukattu, el periódico Deepika, la Iglesia Metropolitana de Santa María y el Consejo Parroquial y Pastoral. Vieron mi participación como una manera de fortalecer sus esfuerzos y aportar nuevas perspectivas a las actividades de la ciudad.

La comunidad de veteranos apreció profundamente mi papel fundamental en la puesta en marcha de la instalación de Servicios de Salud Contributivos para Exmilitares *(ECHS)* en Changanacherry. Además, valoraron mis esfuerzos para facilitar la creación de un equipo de trabajo para el Hospital St. Thomas local. Regresar a Changanacherry, a pesar de los muchos cambios en mi vida, fue más fácil gracias a la cálida acogida de la comunidad.

A medida que pasaban los días, nuestro círculo de amigos en la comunidad local se amplió. Una persona que se destacó fue Tomy, un respetado abogado de profesión. Sin embargo, su verdadera pasión era la organización de eventos, y estaba muy involucrado con el Rotary Club local. De vez en cuando, pasaba por nuestra casa para saborear una bebida informal y compartir los últimos chismes y noticias de la ciudad.

Un día, durante nuestras charlas informales, Tomy me preguntó: "Señor Brigadier, ¿está usted contento con su decisión de establecerse en Changanacherry?".

Le respondí: "Tomy, hace treinta y siete años, cuando me iba a la Academia Militar, me prometí solemnemente que algún día volvería aquí. Cumpliendo esa promesa, construí esta casa". Hice un gesto hacia el espacioso salón comedor y añadí: "Observa el diseño de esta habitación, Tomy. Puede acomodar fácilmente a treinta invitados para una reunión. Quería que mi casa estuviera abierta a todos". Él asintió con la cabeza en señal de aprobación.

Con cariño le conté sobre mi pasado activo: "Al partir hacia Dehradun, tuve que renunciar a cinco puestos de secretariado. Eran en la Unión de Estudiantes de Kerala del instituto S B, el Comité Organizador del Seminario de Jóvenes Católicos, la Sociedad Vincent de Paul de la Catedral, la Liga Misionera de la Catedral y la Asociación Inglesa del instituto S B ".

Reflexionando sobre mis aspiraciones, continué: "Tengo la intención de volver a participar en estos ámbitos de actividad para ver cómo puedo contribuir a mejorar la sociedad". La respuesta de Tomy fue despreocupada mientras se servía otra bebida y la tomaba con hielo. Su reacción, sin embargo, no me desconcertó. Pidió una hoja de papel en blanco y comenzó a escribir algo en malabar. Luego, después de unos momentos, lo leyó en voz alta.

"Dios mío", exclamé, asombrada por la belleza lírica de su lenguaje. Estaba redactando material promocional para las celebraciones de **Navathi** del instituto S B . El poder y la resonancia de su malabarismo escrito me dejaron hechizada. Desafortunadamente, Tomy falleció hace unos años en un accidente. En los susurros silenciosos del viento, siento que él habría sido el alma más orgullosa de nuestra ciudad hoy, sabiendo que he escrito este libro, un reflejo de su incesante estímulo y buena voluntad hacia mis esfuerzos.

Muchos de mis amigos de la infancia siguen aquí en Changanacherry, y he mantenido contacto regular con ellos. Nuestra comunicación ha perdurado a lo largo de los años, a pesar del paso del tiempo.

Cuando me instalé en mi ciudad, organicé una reunión en mi casa para algunos de mis compañeros de curso de 1961-67, una promoción de inglés de el instituto S B. La idea ganó popularidad, y ahora, cada tres meses, mis compañeros de curso y nuestras esposas nos reunimos.

**Promoción de inglés de la escuela secundaria
SB 1961 a 1967 En mi casa 2018**

También formamos una asociación informal de oficiales veteranos llamada Asociación de Oficiales de Defensa de Changanacherry (DOAC). Este grupo ganó fuerza rápidamente y ahora nos reunimos regularmente. Nuestras familias también se han convertido en parte de estos encuentros. En general, nuestro compromiso social sigue prosperando.

En esencia, estaba en casa, de regreso al lugar donde todo comenzó. Mi viaje de revisitar mis raíces apenas había comenzado. Estaba lista para abrazar mi pasado, saborear el presente y anticipar el futuro con los brazos abiertos. Sabía que tenía que aprender, desaprender y volver a aprender para adaptarme a este entorno único.

Asociación de Oficiales de Defensa de Changanacherry. (DOAC) 2023

Asociación de exalumnos del Instituto S B

En 2005, mientras trabajaba en la Dirección del NCC en Thiruvananthapuram, recibí una llamada del Dr. Stephen Mathew de St. Berchmans College, mi alma mater. Me invitó a un evento con el presidente Dr. APJ Abdul Kalam como invitado. Abrumado por la nostalgia, acepté con entusiasmo. En 2008, después de mi jubilación, recibí otra invitación del Dr. Jose P. Jacob, quien me nombró miembro ejecutivo de la Asociación de Antiguos Alumnos. Un círculo completo, desde la universidad hasta el ejército, y luego de vuelta al punto de partida: el irresistible encanto de un hogar. ¡Ahora, sentí que había regresado a mis raíces!

Estas invitaciones marcaron el inicio de mi renovado vínculo con la institución y me dieron la oportunidad de contribuir a las Celebraciones de Navathy, que conmemoraron el nonagésimo aniversario de la universidad en 2012. La Exposición de Ciencias Samvit y el Festival de las Artes fueron destacados, atrayendo a más de 125,000 estudiantes de todo el estado. Como miembro del

Comité de Finanzas, trabajé junto al Padre Regi P. Kurian, entonces tesorero y actual director del instituto S B , para asegurar el éxito del Festival de las Artes.

Uno de los eventos más memorables durante las celebraciones de Navathy fue la actuación de la Banda de Música del Ejército del Regimiento de Infantería Ligera Maratha en el campus del instituto S B . El Brig. C. Sandeep Kumar, VSM, del Regimiento Ligero Maratha y exalumno, contribuyó a que este evento fuera un éxito triunfal. Añadimos un toque especial a la exhibición de la banda al conseguir caballos condecorados del Escuadrón R&V en Mannuthi, Thrissur.

La banda marchó en la noche en el suelo frente a la icónica torre "Kristu Raja" y tocó varias melodías de marcha. La actuación, que tuvo lugar con el telón de fondo de la torre "***Kristu Raja***", fue un espectáculo encantador para la gente local y la comunidad estudiantil. La primera exposición del instituto S B a una función del Ejército dejó una impresión duradera. Además, interpretaron otros números musicales. Cuando la banda tocó la melodía de The Beatles, "Hey Jude, don't let me down. You have found it, now go get it", se me puso la piel de gallina.

Antes de unirme al Comité Ejecutivo, no había una fecha fija para la reunión anual de exalumnos. Sin embargo, a partir de mi recomendación, la asociación estableció el 26 de enero como la fecha fija para la reunión anual. Solía dar el mensaje del Día de la República en años anteriores. Incluso hoy, después de una década, me siento feliz de participar activamente en todas las funciones de la Asociación de Antiguos Alumnos del instituto S B, añadiendo valor a su programa y eventos.

Hoy, mientras la universidad celebra sus celebraciones del centenario, se han programado y llevado a cabo varias actividades.

Debido a las restricciones de la pandemia de COVID, las celebraciones del centenario comenzaron de manera fría, pero a medida que la situación mejoró en septiembre de 2022, se lanzó Samvit II, la Exposición Industrial y Científica de toda la India. Atraído a casi 140,000 estudiantes, fue un éxito trascendental. Una vez más, contamos con la presencia de una Banda del Ejército, esta vez la Banda de Gaitas del 23.º Regimiento de Infantería Maratha Li del Campamento Militar de Pangode. También tuvimos la Banda Naval de la Base Naval de Kochi, lo que sumó aún más atractivo. Me sentí encantado de que la gente de Changanacherry pudiera presenciar la actuación de estas bandas en el instituto S B. La universidad se sintió enormemente honrada de recibir a las bandas del Ejército y la Marina durante estas históricas celebraciones de su ilustre historia.

Sin embargo, el punto culminante de mis logros fue cuando el Instituto aceptó mi propuesta de iniciar una Academia de Defensa en el instituto S B. Esta Academia capacitaría a los estudiantes que aspiraban a convertirse en oficiales de los servicios de defensa. Se lanzó como un proyecto del centenario del Instituto. El director, el Padre Regi Plathottam, y el Padre Mohan, el tesorero, dieron luz verde. El arzobispo inauguró formalmente la Academia de Defensa Berchmans (BEDA) el 13 de agosto de 2022. El subdirector del colegio, el Dr. Job Joseph, lideró activamente el proyecto.

Como se vio en el SSB, construimos una carrera de obstáculos completa en BEDA. También contratamos a una agencia externa para capacitar a los estudiantes para los exámenes UPSC en NDA, CDS y AFCAT. El comodoro Anil, tres psicólogos (en línea) y yo supervisamos el entrenamiento de SSB. Todos habíamos servido en la Junta de Entrevistas de SSB durante nuestro servicio.

Proyecto del Museo Mathew Kavukattu ante la enorme tarea que me esperaba, recordé las últimas palabras de mi padre: "Rezad a 'Kavukattu Pithav' y él intercederá". Sus palabras me consolaron y sirvieron de ancla en medio de las crecientes olas de incertidumbre. Como miembro de los Consejos Pastoral y Parroquial, el Arzobispo Mar Joseph Perumthottam me nombró Coordinador General del Proyecto del Museo Mathew Kavukattu. Aunque era un sueño ambicioso para el que no había fondos disponibles y un camino claro hacia su realización, me sentí obligado a aceptar.

Volviendo a septiembre de 2009, recuerdo cómo la idea de un museo nació en una reunión convocada por el difunto Reverendo Padre Mathew Mattom y la Hermana Jane Kottaram. Eran tiempos vibrantes, llenos de anticipación y expectativas, especialmente porque yo había comenzado mi viaje de jubilación un año antes. El Arzobispo puso una responsabilidad considerable sobre mis hombros al nombrarme Coordinador General.

Se produjo una oleada de reuniones de planificación, y la segunda asamblea general aprobó el plan de construcción propuesto por un conocido arquitecto local, el Sr. John Kocherry.

El camino hacia la construcción del museo fue difícil; surgieron desacuerdos y la ayuda fue escasa. Decidimos crear un sitio web, presentar un teatro, seleccionar diseñadores audiovisuales y desarrolladores de exposiciones, crear historias y diagramas de flujo de visitantes y determinar el presupuesto y las finanzas.

El dinero fue el obstáculo más importante, ya que la recaudación de fondos solo había producido una suma modesta. La fase inicial de hacer los dibujos, seleccionar al arquitecto y obtener la aprobación de los planes por parte de las agencias gubernamentales fue facilitada por el Sr. Scaria Jose Kattur, un destacado empresario local, y el arquitecto Sr. John Kocherry.

Como el progreso de la construcción no fue fácil, el difunto Sr. M C Mathew Mukkadan, mi vecino y amigo de la infancia, asumió el cargo de Coordinador de Construcción. Su personalidad enérgica y enigmática ayudó a que el proyecto avanzara. Las campañas de recaudación de fondos, aunque turbulentas, finalmente hicieron posible la ceremonia de colocación de la piedra el 9 de octubre de 2010.

También ampliamos nuestro comité central para incluir al Sr. Mathew Jose Tharakanparambil, al Sr. Roy Pullukattu y al Sr. Tomichan Ayyarukulangara. Mathew Jose Tharakanparambil, cariñosamente llamado Sibichen, proporcionó generosamente un vehículo y su chofer para nuestros esfuerzos de recaudación de fondos. Acompañados por el difunto Padre Mattom, la difunta Hermana Jane y el difunto Profesor K K John, Sibichen y yo fuimos a la recaudación mientras Tomichan Ayyarukulangara manejaba las cuentas. Con los esfuerzos incansables de nuestro equipo, completamos la construcción civil en octubre de 2013.

En marzo de 2018, el Obispo Thomas Tharayil convocó a los miembros del comité central al Palacio del Obispo. Presentamos cuentas auditadas por un monto de Rs 8,842,594. El Obispo nos informó que el ***Procurador*** coordinaría directamente el proyecto, asistido por un joven sacerdote, el Padre Alen. Alen aceptó gentilmente esta ardua tarea sin ayuda de nadie y dio vida a nuestra visión colectiva. Finalmente, el 5 de febrero de 2023, hicimos realidad el sueño e inauguramos el Museo Mathew Kavukattu. Se yergue alto y orgulloso, un testimonio de la herencia de la Archieparquía siro-malabar, la historia espiritual y las virtudes del Siervo de Dios, Mathew Kavukattu. Es primordial reconocer las contribuciones monumentales del Padre Mathew Mattom y la Hermana Jane, cuyos espíritus, sin duda, celebran este logro desde los cielos.

Mirando hacia atrás, siento una profunda gratitud por mis compañeros convocantes y todos los demás que contribuyeron de innumerables maneras a esta ardua tarea. Enfrentamos obstáculos, demostramos resiliencia y forjamos la unidad en nuestro objetivo compartido. Nuestro viaje no fue fácil, pero es un viaje del que estoy orgulloso de haber sido parte. Al caminar por los pasillos del museo adornados con imágenes y objetos, me invade una sensación indescriptible de orgullo y logro. Aprendimos muchas lecciones; tuvimos que desaprender algunas y volver a aprender otras.

Política: El partido del Congreso me nominó como miembro del Comité del Congreso del Distrito en 2010. Sin embargo, pronto me di cuenta de que la política no es divertida. Requiere un compromiso total. No podía hacer justicia.

En unos pocos meses, dejé de asistir a las reuniones. Sin embargo, después de una pausa de cinco años, volví a involucrarme activamente en la política. Esta vez, fue por mi maestro y nuestro vecino, el Sr. C F Thomas, quien había sido diputado durante 40 años desde 1980 hasta su muerte en 2020. Fue elegido nueve veces consecutivas y perteneció al Congreso de Kerala (Grupo Mani). En las elecciones de 2016, el Sr. C F Thomas me eligió como coordinador del grupo de redes sociales. Este puesto de coordinador era nuevo y nunca había existido en sus campañas anteriores. Sin embargo, comprendió la importancia de las redes sociales en el mundo actual y sabía que tenía que adaptarse a la nueva tendencia. También nos enteramos de que su candidato opositor ya había comenzado su campaña en las redes sociales.

Necesitaba el apoyo de muchos jóvenes para ayudar a difundir nuestros mensajes. También necesitábamos un grupo de estrategia central para estudiar las estrategias, la agenda y los puntos clave de la oposición y contrarrestarlos en cada plataforma de redes sociales. La tarea era enorme y nos enteramos de que el candidato opositor ya había contratado a veinte expertos informáticos profesionales.

Empezamos con lentitud. Contratamos a un profesional informático por 50,000 rupias durante la campaña electoral y recibimos varios ordenadores portátiles de amigos. Recibimos en el equipo a otros seis estudiantes expertos en tecnología, tres más del Congreso de la Juventud y algunos miembros de la Unión de Estudiantes de Kerala. Incluidos el profesional informático y yo, teníamos quince personas en el equipo.

A medida que intensificamos la campaña, mi trabajo consistió en entrevistar a profesionales que se acercaban a nosotros para diversos servicios de llamadas de voz, servicios de SMS, servicios de refuerzo de FB, expertos en Instagram, proveedores de contenido y expertos en videoclips. Vinieron de varias regiones con una lista de candidatos con los que estaban trabajando y una descripción de los trabajos que estaban realizando para ellos.

C F Sir prefería que lo acompañara a donde quiera que fuera. Viajábamos juntos en su auto, sentados atrás, mientras su asistente se sentaba adelante. A pesar de que tenía problemas de salud, era muy decidido. Me recordó a algunos líderes famosos del ejército. Salíamos temprano por la mañana. Él no almorzaba, pero yo tenía hambre y comía un poco mientras él hablaba con la gente. Asistíamos a reuniones hasta tarde. Algunos de los miembros de su equipo lo esperaban en la oficina. Al regresar, tomaba un atajo para dejarme en casa primero en lugar de tomar la carretera principal. Luego, corría a su oficina. Era genuinamente amable. No es de extrañar que la gente siguiera votando por él mandato tras mandato.

Como estudiante de investigación, me moví con C F Sir, aprendiendo muchas cosas nuevas, descubriendo varios aspectos de la vida y comprendiendo los sufrimientos y aspiraciones de muchas personas pobres en mi ciudad. Hacer campaña electoral es un trabajo exigente.

Me uní al Club de Leones en 2009 y continué hasta 2019. Fui miembro de la junta directiva un par de veces y tesorero durante el cuadragésimo aniversario del Club, el año del Rubí. Mary fue la secretaria del ala femenina. Con el Rubí simbolizando el amor ardiente, el Club lanzó proyectos de servicio por un crore de rupias para simbolizar nuestro compromiso con la sociedad durante el año. Dos de los proyectos más importantes fueron Hridayathalam y Swanthanam.

Brindamos ayuda financiera para cirugías cardíacas a cuarenta personas pobres. Para recaudar fondos, organizamos un mega espectáculo musical a cargo de la Sra. Rimi Tomy, la famosa cantante de playback, y un espectáculo de comedia a cargo de Suraj Venjaranmood, el actor. Sibichen Tharakanparambil fue el presidente durante este tiempo.

Realizamos campamentos para detectar el cáncer entre las personas pobres y brindamos ayuda financiera a quienes lo padecían. Este campo de servicio comunitario era nuevo para mí. Aprendí mucho de esos miembros veteranos del club. Muchas personas excelentes contribuyeron gran parte de su tiempo y dinero al servicio comunitario. Tenemos el mayor respeto por ellos. Mary también aprendió mucho del sector femenino del club. Sin embargo, decidimos renunciar a la membresía del club en 2019 cuando muchos miembros de la junta directiva se opusieron a aceptar las reglas del Club Internacional con respecto a la inscripción de mujeres como miembros Leones con cuotas de membresía reducidas. Aun así, apreciamos mucho al club y sus actividades de bienestar social.

En 2009, formamos una asociación de residentes llamada "SnehaTheeram" (un nombre sugerido por mí) para cuarenta familias que vivían cerca. Fue una experiencia novedosa. Como indica el nombre, el objetivo era tener buenas relaciones y amistad entre los vecinos, ayudarnos unos a otros y disfrutar de la vida diaria. Logré registrar la asociación. Fui su presidente, primero en 2015 y nuevamente en 2016. Nuestra tradición más notable fue la gran celebración de Onam. Celebramos una competencia festiva de *"Athapookalam"*, un emocionante tira y afloja mixto y una carrera de limones. La parte más memorable fue el Onam Sadhya: un festín de hojas de plátano con más de veinticinco platos de Onam. Además, organizamos hermosos picnics en varios lugares turísticos.

Inundaciones en Kerala, 2018

Kerala sufrió precipitaciones anormalmente altas desde el 1 de junio de 2018 hasta el 19 de agosto de 2018. Esto provocó graves inundaciones en trece distritos del estado. Esta fue la peor inundación en un siglo, la última ocurrió en 1924.

Mi ciudad, Changanacherry, quedó rodeada de agua por tres lados y fue brutalmente golpeada. La vecina Kuttanad se llevó la peor parte. Las autoridades del distrito abrieron campamentos de socorro y la gente acudió en masa a nuestra ciudad en busca de refugio. Me uní a los líderes de la comunidad en el embarcadero para ayudar a las víctimas de las inundaciones.

Las operaciones de socorro fueron rápidas, gracias a los esfuerzos combinados de la gente de Changanacherry. Establecimos puntos de recolección en varios lugares, incluido el embarcadero de Changanacherry, Perunna MC Road, Punnamada y Edathua. Distribuimos alimentos y ropa a los afectados por las inundaciones. Nuestra asociación comunitaria, Snehatheeram Residence Association, recaudó 45,000 rupias y distribuyó suministros adicionales. Las mujeres y los niños recogieron sábanas y otras prendas de vestir de las casas para distribuirlas, y todos nos ofrecimos como voluntarios en los campamentos de socorro.

Las inundaciones sumergieron muchas zonas de Changanacherry y de pueblos cercanos como Puzhavathu, Paral, Vettithuruthu y Poovam. Incluso la casa de nuestro vecino tenía agua en el recinto. A nivel estatal, los daños y las pérdidas fueron sin precedentes y terribles. Se abrieron las compuertas de treinta y una presas, incluida la de Mullaperiyar, para evitar una catástrofe mayor. Si los muros de la presa hubieran cedido, se habrían inundado importantes distritos de Kochi, Kottayam, Pathanamthitta, Idukki y Alleppey, lo que habría provocado una tragedia humana de proporciones inimaginables.

La comunidad malayalee en todo el mundo ayudó muchísimo. Mis nietas, Rhea e Isabel, recaudaron dinero vendiendo limonada en su comunidad de German Town, Wisconsin, EE. UU. Rhea tenía solo ocho años e Isabel cinco. La comunidad de pescadores, el ejército y la marina se unieron a los esfuerzos de rescate.

Colaboré en las misiones de rescate y proporcioné datos de ubicación a través de conexiones con los comandantes del batallón NCC. Chandy Oommen, ahora diputado, también solicitó mi ayuda para rescatar a sus familiares en Ranny, y pudimos ayudarlos. Los equipos de rescate querían principalmente la ubicación en Google Maps de las personas afectadas. Yo podía proporcionarla a las salas de control.

En general, la organización de las operaciones de rescate de las inundaciones fue excelente y la respuesta de la comunidad fue alentadora. Esta experiencia me enseñó que las personas son buenas, sinceras y cariñosas. Te darán todo el respeto, amor y afecto si las amas. Le estaba diciendo esto a Mary hoy mientras caminábamos por el lugar.

De hecho, he descubierto una verdad universal, una auténtica joya de sabiduría que solo el tiempo y las experiencias de la vida me han enseñado. He encontrado la profunda verdad del amor y el respeto en mis conexiones, interacciones y momentos compartidos con los demás. Al dar, he recibido; al amar, he sido amado. ¡Que pueda disfrutar de este estado de amor durante el mayor tiempo posible!

Brigadier @1335 Días

El 18 de junio de 2023 fue un domingo sereno. Era el Día del Padre. Al amanecer, una efusión de afecto de mis hijos, a pesar de las enormes distancias que nos separaban, me calentó el corazón. Sharon, mi hijo, estaba de vacaciones disfrutando de la majestuosidad de las montañas alpinas en Wengen, Suiza. Mientras tanto, mi preciada hija, Caroline, me enviaba su calidez y adoración desde el vibrante corazón de Houston.

Yo estaba ocupada recogiendo limosnas de las casas vecinas, cumpliendo un voto. Hice este voto un domingo extraordinario, el 3 de noviembre de 2019, que requería que recogiera limosnas de cien hogares. Sorprendentemente, era el día 1335 de esta búsqueda espiritual, un día imbuido de un significado especial por la escritura de Daniel 12:12 que dice: "Bienaventurados los que tienen paciencia y perseveran durante los mil trescientos treinta y cinco días". En este día trascendental, me encontré comprometida a cumplir esta promesa. Cada contribución recogida fue un testimonio de mi fe inquebrantable en el sagrado Santuario de Velankanni, el santuario sagrado de la "Señora de la Salud", ubicado cerca de Nagapattinam en Tamil Nadu.

Esta etapa simbolizó una profunda transformación espiritual dentro de mí, un período en el que sentí un llamado irresistible de Jesús. En medio de las innumerables pruebas de la vida, mi fe se mantuvo firme, anclada en la sabiduría de Daniel 12:12. Este viaje, una saga intrincadamente tejida con tribulaciones personales y fe divina, se estaba desarrollando en una victoria triunfante de la fe. Durante muchos años, he juzgado los triunfos de mi vida a lo largo de cinco etapas distintas, cada una de las cuales duró 15 años. Creo que me ha ido extraordinariamente bien en cada una de estas etapas. Sin embargo, al entrar en la etapa final de mi vida, me enfrenté a una dolorosa sensación de incompetencia. La fuente de este sentimiento no quedó clara, pero sospecho que se debía a mi percepción de que no estaba haciendo lo suficiente para forjar una conexión más profunda con Dios. Esta autorreflexión se intensificó alrededor de 2019, cuando regresé de unas vacaciones inolvidables en los EE. UU. con nuestros hijos y nietos.

Un anhelo de transformación llenó mi corazón. Aspiraba a convertirme en un hombre mejor. La personalidad de "brigadier" había sido parte de mi identidad durante mucho tiempo. Necesitaba cambiar. El ego asociado con ella tenía que disiparse. Debo ayudar a los demás. Ser testigo de la devastación de las recientes inundaciones, la destrucción despiadada que desataron y el sufrimiento generalizado que causaron me afectó profundamente. Estas imágenes agitaron mis pensamientos y provocaron una necesidad de cambio. Decidí limpiar mi mente y comenzar un nuevo capítulo en mi vida.

Me encontré en el confesionario, esperando pacientemente a que el sacerdote comenzara mi confesión. El joven sacerdote me bendijo y me dijo que rezara a menudo por mis hijos y nietos. Estaba llorando cuando salí del confesionario. Era el 14 de febrero de 2019.

Con la Pascua acercándose el 21 de abril y la Cuaresma comenzando el 4 de marzo, Mary y yo decidimos observar el período de Cuaresma por primera vez en su totalidad. Como católicos sirios, nuestra Cuaresma comienza el Lunes de Ceniza, en contraste con la tradición católica latina del Miércoles de Ceniza. Me comprometí a abstenerme de alcohol, carne y pescado. Aunque en el pasado observamos la Cuaresma, a veces nos permitíamos comer pescado.

Un mes después de la Cuaresma, contemplé la pureza mental y espiritual como parte de este nuevo compromiso. Me pregunté cómo observar una Cuaresma completa podría contribuir a este cultivo de la piedad. En mi diario del 3 de abril de 2019, escribí que la pureza es esencial en la vida. El pensamiento de vivir una vida pura nunca me ha abandonado desde entonces. Vi esto como la manera en que Dios me prepara para el cambio.

Viaje a través del Valle de las Sombras

El 15 de junio de 2019, mi hija Caroline regresó a casa con su familia para pasar unas vacaciones. Junto con sus suegros, hicimos un viaje de tres días a Ooty. Durante nuestro viaje, sentí dolor en el abdomen derecho mientras bebía con mi yerno. Como sabía que bebía moderadamente, me di cuenta de que no se trataba solo de un problema estomacal. Un gastroenterólogo me recomendó que tomara un tratamiento con antibióticos. Esperé dos meses para ver si el dolor desaparecía. No fue así. Decidí hacerme un chequeo médico completo. Programamos el chequeo en el Believers' Hospital Thiruvalla. El hospital está a solo cinco kilómetros de Changanacherry.

El 1 de septiembre, recordé que dedicamos el mes a la Señora de los Dolores. En mi infancia, siempre rezaba en "Kochu Palli" en la Catedral, donde una escultura de María (Piedad) muestra a la Virgen María acunando el cuerpo de Jesús en sus brazos después de que lo bajaron de la Cruz.

El día señalado, visité el Believers' Hospital, donde me encontré con mi querido amigo, compañero de escuela y médico de cabecera, el Dr. S. K. Mathew. Como especialista médico de mayor jerarquía allí, ha sido un consejero de confianza. Durante nuestra consulta, le informé de mi continua lucha contra la gastritis. Le dije que había tomado rifaximina, un antibiótico, tras una consulta telefónica con el general de brigada (Dr.) Ananta Narayanan del Instituto Amrita de Ciencias Médicas de Kochi (Hospital Amrita). Sin embargo, los problemas persistieron durante un mes. Solicitó una serie de análisis de sangre y una ecografía del abdomen y la pelvis. También recomendó una consulta con un gastroenterólogo.

Después de la ecografía, consulté con el gastroenterólogo. Me recomendó que me internara en el hospital para realizarme una endoscopia y una colonoscopia. Además, programó una prueba de fibrosis para una fecha posterior para eliminar el riesgo de cirrosis hepática. Le aseguré que no tenía cirrosis, a lo que respondió: "Ha tenido hígado graso durante un período prolongado. Es comparable a que su cabello se vuelva gris cuando envejezca". Mi conocimiento de la cirrosis era bastante limitado. Siempre supuse que era una enfermedad vinculada exclusivamente al consumo excesivo de alcohol.

Cuando recogí mis pruebas de sangre y ecografía, era casi la hora del almuerzo. La ecografía mostró un *"patrón de eco hepático heterogéneo con regiones hipoecoicas indistintas, posiblemente sugestivo de **enfermedad parenquimatosa**.* Correlación recomendada con las pruebas de función hepática". Después de realizar las pruebas de función hepática (LFT), que arrojaron resultados normales, consolé a mi esposa diciéndole: "Todo está bien". Continué: "Las ecografías a lo largo de los años han indicado regularmente hígado graso. Mencionan correlación con las LFT. Los resultados de mi prueba de función hepática están dentro del rango normal". Ya era la 1:00 p. m., así que sugerí: "Deberíamos comer algo antes de irnos".

En la cafetería, el Dr. S. K. Mathew y cuatro médicos en formación se unieron a nosotros. Me preguntó si había completado todas las pruebas. Respondí: "Sí, estábamos a punto de irnos después de comer algo". Afirmé con seguridad: "Todo está bajo control". El médico dijo: "James, me olvidé de mencionar que necesitas un análisis de sangre adicional llamado *'AFP'*". Respondí: "Doctor, ya comí". Me tranquilizó: "Está bien. Puedes hacerte esta prueba independientemente de las horas de comida". Lo garabateó en un papel y me indicó que lo presentara al laboratorio. Mencionó que ya lo había ingresado en la computadora. Di mi muestra de sangre para la prueba de AFP y me dirigí a casa. Olvidé por completo preguntar sobre el propósito de esta prueba. Supuse que era parte de un examen de rutina. No me molesté en verificar el resultado.

Al reflexionar sobre ese día, no puedo evitar sentir que el encuentro fortuito con el Dr. SK Mathew en la cafetería fue una intervención providencial. Si no nos hubiéramos cruzado, tal vez me habría ido, creyendo con confianza que todo estaba bien. La orientación imprevista de ese encuentro casual bien podría haber cambiado el curso de mi viaje hacia la salud.

El domingo 8 de septiembre fue el cumpleaños de la Santísima Virgen María. Me desperté a las 2 a.m. No podía dormir debido al dolor en la zona del abdomen. Tal vez un dolor de úlcera, pensé. Entonces, no pude asistir a la Santa Misa de la mañana a las 06:30 h, a la que solemos asistir los domingos. Mientras luchaba con el malestar, anoté en mi diario: "Señor, ayúdame. María, Virgen

María, nuestra madre. Ayúdame a resolver todos estos problemas médicos".

Al día siguiente, pensé en visitar el Belivers Hospital para consultar a los médicos pertinentes. Sin embargo, Dios tenía otros planes. Representantes de la Asociación de Residentes de Snehatheeram, mis vecinos, el Sr. M C Mathew (fallecido), el Dr. Pattabhi y el Sr. Rajan, llegaron para recaudar contribuciones para las celebraciones de Onam. Durante nuestra interacción, compartí mis elogios por la limpieza del Hospital de Creyentes y mis recientes problemas de salud. Me aconsejaron que, aunque el Dr. SK Mathew es el mejor especialista médico, los mejores hepatólogos y radiólogos intervencionistas están en el Hospital Aster. Y debería consultarlos, ya que podría ser un problema de hígado, por lo que decidí ir al Hospital Aster. Realmente fue un consejo sabio.

Como iba a ir a Aster, tuve que llevar todos los informes de las pruebas. Busqué en Google para ver qué era la AFP. Me sorprendió que se refiriera a un tumor hepático. Llamé al laboratorio con ansiedad. El laboratorio me dijo que la AFP era de diecisiete (IU/mL). Según el hospital, el rango normal era de hasta seis. Esta noticia me impactó. Inmediatamente pedí una cita con el Dr. Ismail Siyad KH, gastroenterólogo. También me comuniqué con el Dr. Charles Panackel, el hepatólogo. Le pedí al Brig (Dr.) Narayanan que hablara con ellos.

El 12 de septiembre fuimos a la Policlínica del Plan de Salud Contributivo para Exmilitares de Kottayam (ECHS), una clínica para veteranos, y conocimos al coronel Jagajeeve G, el oficial a cargo. Jagajeeve fue servicial y mostró una actitud inquebrantablemente positiva, lo que hizo que nuestra experiencia fuera muy tranquilizadora y agradable. Recogimos todos los documentos para el Hospital Aster y fuimos en mi auto a nuestro apartamento en DLF en Kakkanad. A Mary siempre le gustaron esos viajes conmigo al volante.

Al día siguiente, tomamos un Uber al Hospital Aster. Esperé para ver al Dr. Ismail, pero el Dr. Charles me llamó. Escuchó pacientemente mi historia, pero no respondió de inmediato a mis preguntas. Sin embargo, Charles me aseguró que había hablado con el médico de brigada. Ordenó una tomografía computarizada de abdomen de tres fases con contraste, oral e intravenoso. Este proceso no fue tan sencillo como lo había imaginado. Fue largo e incómodo, y la preparación requerida me dejó agotada y rezando por un alivio. El procedimiento duró 30 minutos y esperamos para conocer al Dr. Ismail. El médico nos pidió que volviéramos al cabo de una hora y, mientras tanto, almorzamos.

Alrededor de las 2 p.m., conocí al médico. Vio las imágenes de la tomografía computarizada en su gran monitor, me miró y dijo: "El diagnóstico es ***carcinoma hepatocelular***".

La realidad me golpeó como una tonelada de ladrillos. Mi mente estaba confusa y apenas podía procesar las palabras del médico. Mis ojos se pusieron vidriosos mientras me mostraba las imágenes de mi tomografía computarizada.

Pude ver la preocupación grabada en el rostro de mi esposa. Me hizo sentir peor. Entonces el médico dijo: "Es cáncer de hígado. Está en las etapas iniciales".

Poco a poco, fue desentrañando toda la historia de mi hígado. Me estaba mostrando la parte afectada del hígado. Giró el monitor hacia nuestro lado y dijo: "Aquí, puede ver una pérdida significativa del contraste. Está en el lóbulo caudado". Mientras el médico intentaba explicar los detalles de las imágenes en su monitor, me encontré desinteresada, perdida en la magnitud del diagnóstico.

Le pregunté de nuevo: "¿Es cáncer?".

"Sí".

Mi instinto me decía: "Fue desbocada". Mary no pronunció una palabra. Finalmente, reuní coraje y pregunté:

"Doctor, dígame por favor, ¿viviré tres años más?".

No respondió. Su silencio en respuesta a mi pregunta desesperada sobre mi supervivencia durante los próximos tres años me dejó sintiéndome desolada.

Me sentí abatida y sabía que era una situación desagradable. El médico escribió una nota y me la dio diciendo: "Venga a hacerse una endoscopia mañana, el 14 de septiembre". "Vale", le dije y me fui. Agarré fuerte la mano de Mary mientras me bajaba del tren. Inmediatamente llamé al general de brigada (Dr.) Ananta Narayanan a su casa y le dije: "Señor, el médico dijo que tengo cáncer de hígado. Quiero ir a su casa de inmediato". Él dijo: "Está bien, venga. Mi casa está frente al pilar del metro 450, National Residency, Edappally, Kochi".

A pesar de mi desesperación, corrimos a la casa del general de brigada (Dr.) Ananta Narayanan, esperando recibir orientación. Su esposa, la Sra. Sobhana, también estaba allí. Nos recibieron. Nos dio café. Ambos dijeron: "Mantén la calma. Piensa positivamente". "¿Qué positivamente?", pensé.

Todo había terminado. Me sentía destrozado. Una vez más, reuní coraje y le pregunté: "Señor, HCC significa: ¿puedo vivir tres años más?". No respondió a esa pregunta directamente. En cambio, dijo: "Mira, hay muchas opciones. La primera opción es un trasplante de hígado. La segunda es cirugía. La tercera es ablación por microondas".

Y continuó: "Mira, lo mejor es un trasplante de hígado. Y el Hospital Amrita es particularmente bueno en esto. Te derivaré al

Dr. Sudhindran. Lo llamaré y te verá mañana. Haz una cita en línea. O él verá si es posible una cirugía en el lóbulo caudado. Está en lo profundo". "Mary podría donar su hígado para un trasplante". Escuchamos en completo silencio.

El brigadier repitió: "Vayan a ver al Dr. Sudhindran. Es un cirujano de hígado de renombre mundial. Reúnan el CD en el Hospital Aster y enséñenselo". Parecía una orden. Dije: "Está bien, señor. Lo haré". Entonces la Sra. Sobhana dijo: "No se preocupe. Dios cuidará de usted. Rezaremos". Me sentí consolada. Tomamos un taxi y regresamos a nuestro apartamento alrededor de las 5 p.m.

Ahora debía informar a mis hijos en los EE. UU. Deben estar levantándose. Mary preparó café. Mientras estaba sentada tomando café, el peso de la noticia que tenía que darles a mis hijos pesaba sobre mi pecho. Con cada momento que pasaba, mis nervios se desgastaban cada vez más. Pero sabía que tenía que ser fuerte. Entonces, tomé el teléfono y llamé a mi hijo en Milwaukee, EE. UU., preparándome para lo que vendría. Estaba esperando ansiosamente mi llamada.

"Mon", dije, con la voz quebrada por la emoción. "Es cáncer de hígado". Podía oír el temblor en su voz mientras luchaba por contener las lágrimas. Mary también lloraba. Él me dijo: "Papá, no te preocupes. Ya voy. Haremos todo lo posible para salvarte. No te preocupes. Te llamaré pronto". Podía sentir que no podía hablar más.

Pero el guerrero dentro de mí se negaba a dejar que las lágrimas fluyeran sin control. Sabía que tenía que ser la roca en la que mi familia pudiera confiar en estos tiempos difíciles. Así que, con una determinación férrea, respiré profundamente y me serené, decidida a enfrentar este nuevo desafío de frente.

Mientras llamaba a mi hija en *Houston*, me preparé mentalmente para la conversación que me esperaba, pero cuando empecé a contarle la noticia, supe que tenía que ser el pilar de fuerza que necesitaba. "¿Algo grave?", preguntó, con la voz temblorosa por la preocupación. "Sí", respondí, con la voz firme y decidida. "Es cáncer, pero lucharemos juntos y saldremos victoriosos". Podía oírla sollozar. Le dije: "Eres una chica de brigadier. Sé valiente". Siempre le digo estas palabras cuando se siente abrumada por la emoción. Solo el rango ha ido cambiando con los años. Siempre le hablaba de esta manera.

Cuando colgué el teléfono, mi mente se desvió hacia las lecciones que mi padre me había enseñado muchos años atrás. "Cuando la vida te empuja contra la pared, recupérate con aún más vigor", decía. Y ahora, frente a este nuevo desafío, esas palabras resonaron en mi mente, instándome a permanecer firme y resuelta.

Después de las pesadas llamadas telefónicas con mis hijos, mi esposa y yo nos consolamos en la tranquilidad de nuestro apartamento *DLF*, que ahora resonaba como un sombrío recordatorio del desafío que nos aguardaba. Bebimos un segundo café en silencio, la habitación estaba llena de miedo, ansiedad y determinación. Cada tictac del reloj era palpable.

Mientras un torbellino de pensamientos me consumía, las palabras resueltas y valientes de mi hijo volvieron a mi mente. "Papá, no te preocupes. Voy a ir. Haremos todo lo posible para salvarte". Me aferré a esas palabras como a un salvavidas. Su promesa era un faro de esperanza en la oscuridad que se avecinaba.

Gracia en Medio de la Adversidad

Cada momento que pasaba parecía reforzar mi coraje. Busqué consuelo en el recuerdo de mi padre, sabiendo que él me estaba cuidando en mi momento de necesidad. Cuando me dormí esa noche, me sentí preparada para la batalla que me esperaba. Estaba lista para enfrentar este nuevo capítulo en mi vida, armada con fuerza, resiliencia y determinación inquebrantable. Escribí en mi diario una frase que resumía este período de mi vida: Cambio de vida. Con el tiempo, entendería que este no era el final, sino un nuevo comienzo en mi extraordinario viaje de vida.

Al día siguiente, me dirigí al Hospital Amrita después de recoger el CD de mi exploración. Después de una espera, me encontré con el Dr. Sudhindran alrededor del mediodía. Estudió las imágenes del CD en su computadora. El monitor de su computadora era más pequeño que el del Dr. Ismail. Me dijo que el Brigadier le había hablado. Pasaron diez minutos en silencio mientras continuaba inspeccionando las imágenes. Durante ese tiempo, la esperanza y la especulación llenaron mi mente. ¿Se habían escuchado mis oraciones y no había encontrado rastros de cáncer? ¿Había cometido un error el Hospital Aster? Finalmente, habló y confirmó: "Sí, hay cáncer. Te remito al Dr. K P Sreekumar, nuestro radiólogo. Él te informará sobre sus procedimientos y compartirá sus opiniones sobre tu caso."

Al enfrentarme a la cruda realidad de un plazo limitado, la duda nubló mi mente. ¿Necesitaba este tratamiento o el hospital me estaba empujando a una experiencia injustificada? ¿La sombra del cáncer se cernía sobre mí? Enfrentada a la incertidumbre de mi condición, planteé una pregunta nacida del miedo y el escepticismo: "Doctor, ¿cuánto tiempo sobreviviré si no busco tratamiento?". Su respuesta fue precisa: "Quizás ocho meses. Máximo un año". Entonces, la suerte estaba echada. "Alea iacta est" (La suerte está echada), pensé. Tenía que recibir tratamiento de inmediato.

Una hora después, el Dr. Sreekumar nos llamó y nos guió hasta la sala de escaneo. Él y otro médico examinaron mi abdomen. Le dijo al otro médico: "Mira esta parte de aquí. Solo marca". Marcaron ciertas áreas en mi abdomen y las imágenes en la pantalla. Me di cuenta de que estaban formulando un plan para el procedimiento. Ya habían decidido el curso de acción. Un médico fantástico, pensé. Me explicó todo el procedimiento, llamado Ablación por microondas. Dijo: "Calentaremos el área de tejido afectada por el cáncer con energía de microondas. Lo haremos bajo anestesia general y usaremos una aguja especial llamada antena. La aguja se inserta en el tumor del hígado a través de la piel, bajo guía de ultrasonido, *TAC* o *IRM.* Estamos planeando usar ultrasonido o TC si es necesario". Luego me mostró la aguja (antena intersticial).

El tamaño de la aguja me dejó perpleja. "Dios mío", exclamé. "Confío en usted, ¡pero esa aguja es tan grande! Me da miedo que entre en mí", dije nerviosa. El médico respondió: "Su tumor es diminuto, solo 3 mm. Lo detectamos a tiempo. La ablación por microondas puede ayudarla". Me di cuenta de que estaba tratando de tranquilizarme y agradecí su paciencia.

Mary parecía tan preocupada como yo. Ambos confiábamos en el médico, pero el tamaño intimidante de la aguja de 10 cm era aterrador. Al asumir nuestra situación, propuso: "Está bien, Brigadier, si este entorno no es el suyo, está bien. Le recomiendo otro radiólogo intervencionista, el Dr. Rohit P V Nair, del Hospital Aster. Le transmitiré toda la información y me aseguraré de que conozca la ubicación exacta de su tumor. Su enfoque puede ser ligeramente diferente, pero programaré una cita para la ablación por microondas en este hospital el martes 24 de septiembre. Para obtener más detalles, puede comunicarse con la recepción". Agradecida, respondí: "Gracias, señor". Le dije a Mary: "Deberíamos reservar antes de partir".

Después de comer algo en la cantina del Hospital Amrita, regresamos a nuestro apartamento en DLF, exhaustos. Me eché una breve siesta antes de que llamaran mis hermanos, O A Mathew y O A Thomas. Les conté todo y les dije que estaría en casa a la mañana siguiente.

El 15 de septiembre, a eso de las 6:30, volvía a casa en mi coche. Hace poco me había comprado un Honda City que apenas recorrió 5.800 kilómetros. Me volví hacia Mary y le dije con voz ronca: "Mary, me preocupa que pronto no pueda llevarte en este estado. Pero con la gracia divina, seguro que lo superaremos". Ella permaneció en silencio, con lágrimas en los ojos.

El 15 de septiembre, volvía a casa en mi coche, a eso de las 6:30. Hace poco compré el Honda City, que apenas recorrió 5.800 kilómetros. Me volví hacia Mary y le dije con voz ronca: "Mary, me preocupa que pronto no pueda llevarte así. Pero con la gracia divina, seguro que superaremos la situación". Ella permaneció en silencio, con lágrimas en el rostro.

Cuando llegamos a casa, llegaron mis hermanos y otros miembros de la familia. Hablamos de la situación y todos prometieron rezar. Agotados, nos fuimos a dormir temprano, pero el dolor me despertó a la 1:30 y no pude dormir. A las 4:30 le envié un mensaje de texto al Brigadier (Dr.) Anantha Narayan sobre mi malestar. Me recomendó Rifaximin 400 mg. Me ayudó.

Todo se desarrolló con rapidez. Programé una reunión con el Dr. Rohit Nair, radiólogo intervencionista del Hospital Aster. Me mostró la posición exacta del tumor y me explicó detalladamente el procedimiento **TACE (quimioembolización transarterial)**. Fijamos la fecha del procedimiento para el 3 de octubre de 2019.

De vuelta en Changanacherry, me concentré en asuntos administrativos y financieros. Guié a Mary por los entresijos de la banca por Internet.

Por consejo del doctor S K Mathew, visité al doctor Sujit Philip en el hospital de los creyentes, quien confirmó mi diagnóstico de CHC. Me dio un resumen sobre los siete métodos de tratamiento del HCC. Las principales soluciones fueron la resección, el trasplante y la ablación por microondas, seguidas de otras temporales como TACE. El día siguiente, el doctor Yadav explicó el "efecto de disipador de calor" de la ablación por microondas en el hospital KIMS de Trivandrum. La localización del tumor en el lóbulo caudado lo hacía difícil. Este "valle de sangre" posicionamiento significaba que una solución permanente era arriesgada. Dada esta complejidad, decidí optar por el procedimiento TACE, una solución más segura pero temporal, sabiendo que podría tener efectos secundarios relacionados con la quimioterapia.

Mientras tanto, envié los CDs a los EE. UU. para que mi hijo se los mostrara a sus amigos médicos. Todos estuvimos de acuerdo en que el tratamiento debía comenzar de inmediato. Algunos parientes cercanos nos visitaron. Juntos, decidimos que debía recibir tratamiento en Aster. Dado que allí se encuentra disponible el ECHS, no tendría que pagar. Pero necesitaría la aprobación para el tratamiento. Esa aprobación debería venir del comodoro Naidu, el oficial al mando del buque hospital naval indio (INHS) **Sanjivani.** Además, se requería la aprobación de un "especialista" del Hospital del Comando de la Fuerza Aérea en Bengaluru.

El 21 de septiembre, el padre Nebin nos visitó a las 07:30 h. Después del desayuno, bendijo nuestra casa. Luego, rezó fervientemente por mí durante media hora. Mientras rezaba, experimenté una sensación de consuelo y seguridad sin precedentes.

Las lágrimas brotaron de mis ojos como si mi enfermedad estuviera desapareciendo. Por primera vez, sentí que no tenía que preocuparme en absoluto. Dios estaba conmigo; Él me protegería. Juré a Dios que llevaría una vida recta y buscaría Su ayuda en mi necesidad.

El 24 de septiembre, visitamos el INHS Sanjivani, donde nos reunimos con el cirujano comodoro C. S. Naidu VSM (que luego se convirtió en contraalmirante) para obtener los documentos necesarios.

El amable cirujano hepático me aseguró que no era necesaria ninguna "autorización de un especialista" de Bengaluru, pero el Hospital Aster insistió y rechazó mis documentos. Preocupado, pensé en viajar a Bangalore. A altas horas de la noche, me desperté a la 01:30 h con una posible solución. Recordé al Brig. Anil Gupta, el Coronel *GS* en la 29 División, cuando yo era el Comandante del Batallón EME. Había hecho una visita no planificada a nuestra casa un mes antes. Recordé que me dijo que el entonces Vicejefe del Estado Mayor del Ejército era el GSO1 durante nuestro tiempo en la División. Inmediatamente, envié un mensaje de WhatsApp al Brig. Anil pidiéndole que hablara con el Vicejefe Teniente General Satinder Kumar Saini PVSM AVSM YSM, VSM ADC. Y la solución de medianoche funcionó. El Hospital Aster me llamó alrededor de las 11:00 h. Podría llevar los documentos avalados por el Comodoro Naidu; no había necesidad de una autorización de un especialista. Las palabras de Paulo Coelho vinieron a mi mente: "Cuando quieres algo, todo el universo conspira para lograrlo". Los puntos se estaban conectando. Mi capacidad para superar los obstáculos del tratamiento médico a través del contacto directo por WhatsApp con el vicejefe del Estado Mayor del Ejército, incluso una década después de jubilarme, es un testimonio de las conexiones significativas (similares a unir puntos) **orquestadas en**

mi vida por intervención divina. Aún más notable es que no he tenido contacto con el general Saini desde que dejé la 29 División hace veintitrés años.

Mi siguiente tarea fue redactar mi testamento. Me puse en contacto con un vendedor local y redactor de documentos y le proporcioné todos los detalles de mis propiedades y disposiciones previstas. Registré el testamento el 30 de septiembre. Hablé con mi madre, que sufría pérdida de memoria, y le informé sobre mi estado de salud. Ella me aconsejó que visitara la iglesia y rezara. Ese día, escribí en mi diario: "Dios, ayúdame. Seguiré siendo un buen cristiano".

Mi hijo, Sharon, llegó el 1 de octubre. Visitamos la iglesia y ofrecimos una Santa Misa para su curación. También conversamos con el vicario de la catedral y el difunto padre Mathew Mattom, les informamos sobre mi enfermedad y les pedimos oraciones. Inmediatamente oraron por mí.

Le hice una petición de oración a la hermana Teslin del Centro de Retiros Carmel Mount Chethipuzha, Changanacherry. Ella me sugirió que escribiera un versículo de la Biblia, "Sabiduría 16:12-14", en un papel, lo pusiera sobre mi pecho, lo recordara y lo repitiera al entrar a la sala de procedimientos.

Ese día, me comprometí a:

- Dar testimonio de Dios con la ayuda de la hermana Teslin.

- Asistir a retiros y mantener oraciones regulares.

- Contribuir al Museo Kavukattu, donde fui la Coordinadora General del Proyecto.

Mary, Sharon y yo partimos hacia el Hospital Aster el 2 de octubre; finalizamos todos nuestros asuntos financieros y administrativos y establecimos contacto con el Dr. Rohit Nair por

WhatsApp. A las 09:30 escribí: "Dios, por favor protégeme. Haré todo lo que desees" y lo firmé. Llegamos al hospital a las 4:30 p.m. Nos admitieron en una cómoda habitación dúplex. Mi hijo ocupó una espaciosa habitación de invitados en el mismo complejo. El personal de enfermería, alegre y eficiente, nos hizo sentir a gusto.

El día D, me trasladaron a la sala de espera en cama. La familia de mi hermano y los padres de mi nuera Sheetal vinieron. Eran las 8:30 a.m. Tuve que esperar casi cuatro horas porque mi procedimiento se pospuso a la 1:30 p.m. Nuevamente, lo pospusieron porque un caso de emergencia duró hasta las 5:15 p.m. Les dije: "Ahora lo haremos mañana". El médico dijo: "Está bien, mañana a las 8:15 h". Mi hermano se quedó a pasar la noche. Todos oramos juntos por la tarde y la mañana.

El procedimiento comenzó a las 08:30 h. Un asistente de enfermería llamado Mejo realizó la punción de la zona de la ingle para la cateterización de la arteria femoral. Aplicó algunos medicamentos (locales) para aliviar el dolor.

Los médicos llegaron a las 08:45 h. El médico inyectó el medio de contraste. A las 09:10 h, introdujo el catéter en la arteria hepática. El doctor Rohit y su superior, el doctor Jayakrishnan, estaban allí. El procedimiento no tuvo éxito.

El extracto del resumen del alta dice así:

Después de obtener acceso a la rama segmentaria principal de la arteria hepática derecha, no fue posible introducir el microcatéter en la rama lesionada selectiva. El sistema triaxial utilizado no tuvo éxito.

El alambre no logró pasar el "ostium de la estenosis". Después de colocar el microcatéter en la punta del ostium y dilatarlo temporalmente, se realizó una prueba de inyección de contraste denso. Aún así, el tinte se dirigió preferentemente a otras ramas por reflejo y no a la unidad deseada. Ahora, el médico probó combinaciones de alambres de microcatéter cónico, que también fallaron. Por lo tanto, se detuvo el procedimiento.

Solo sé que estuve en una mesa pequeña sin moverme durante casi cuatro horas. Sufrí un dolor insoportable durante casi 25 minutos. Todo el tiempo, seguí rezando. El papel con el versículo bíblico estaba conmigo. Entretanto, sudé un poco. Mi nivel de presión arterial bajó. Honestamente, me sentí aliviado de que el procedimiento se detuviera. La agonía había terminado. Le había dicho al Dr. Rohit Nair antes de entrar en la sala de angiografía por infrarrojos: "Si encuentra algún riesgo, no lo haga". Me alegro de que el médico haya cumplido su palabra. Lo saludo. Regresamos al pabellón.

Mientras tanto, Caroline habló con el Dr. Jayant Reddy, un cirujano de trasplante de hígado y compañero suyo de clase en la Escuela Pública Frank Anthony de Bengaluru. Le preguntó cuál era el mejor médico para realizar el procedimiento. Sugirió el nombre del Dr. MC Uthappa del BGS Gleneagles Global Hospital en Kengeri, Bengaluru (Bangalore). Nos dijo que le enviáramos el CD del procedimiento desde Aster inmediatamente. Al mismo tiempo, mi yerno Sijo Jose habló con su amigo el Dr. George Manayath del Arvind Eye Hospital, Coimbatore. Él también me recomendó al Dr. Uthappa. También hablé con el Brigadier DP Singh en Gurugram. Le informé de mi enfermedad y le pedí que se pusiera en contacto con el Dr. Sanjay Saran Baijal, otro de los mejores radiólogos intervencionistas de la India. El Brigadier DP concertó citas con él en el Hospital Medanta de Gurugram en mi nombre.

Sharon volvió a hablar con el Dr. Jayant Reddy. Reddy le dijo a Sharon que no debíamos ir a ningún otro lado. Se tomaría una licencia y estaría en el hospital con Sharon cuando el Dr. Uthappa hiciera el procedimiento. Nos dimos cuenta de que no se podía conseguir nada mejor que esto: un cirujano de trasplante de hígado y un compañero de clase de mis hijos cerca de nosotros para cualquier tarea de extinción de incendios, si fuera necesario. Ahora, mi mentalidad militar estaba convencida. Sí, lo haremos en Bengaluru. El único problema era que el hospital no estaba afiliado a ECHS y tenía que pagar todas las facturas por adelantado. Pero había una disposición en la que podíamos obtener la aprobación previa del **MD *ECHS,*** Nueva Delhi. En consecuencia, solicitamos la aprobación del MD, ECHS.

Ya habíamos enviado el CD al Dr. Jayanth Reddy, quien, a su vez, se lo había entregado al Dr. Uthappa. Cuando llegamos al Hospital BGS de Bangalore a las 10:00 h del día 9, el médico estaba preparado y estudió mi caso en detalle.

El Dr. Uthappa y su equipo médico, compuesto por el Dr. Rohit Madhukar y el Dr. Kalai, ya estaban listos. El Dr. Uthappa revisó los resultados de mi tomografía computarizada del CD una última vez. Realizó una ecografía para confirmar la zona a tratar. Explicó su intención de realizar un procedimiento combinado de ablación por microondas y TACE. Le informé de nuestro ensayo previo sin éxito con TACE. Sin embargo, me aseguró que había identificado una estrategia de mitigación de riesgos basada en los conocimientos del procedimiento en el Hospital Aster. "Tengo un plan de acción claro", afirmó con confianza. Por primera vez en mucho tiempo, las sombras de mis miedos pasados comenzaron a retroceder. Me sentí valiente.

Continuó: "El hospital le cobrará casi cinco lakhs de rupias. Se requiere un pago por adelantado de alrededor de dos lakhs de rupias". Mi hijo, Sharon, tenía los fondos listos. El médico nos proporcionó dos posibles fechas para el procedimiento: el viernes

11 de octubre o el lunes 14 de octubre, después de lo cual planeaba ir a Chennai. Acordamos el 14 de octubre para el procedimiento combinado.

Nos alojamos en la habitación de invitados "Krishna" del taller de la base militar 515. Trabajé allí desde 1993 hasta 1996. Mientras esperaba el procedimiento médico que me iban a realizar, busqué consuelo espiritual, rezando y haciendo ofrendas en la iglesia del Niño Jesús, la catedral de Santa María y la iglesia de San Patricio. Al reconocer nuestra necesidad de una distracción, mi hijo sugirió que viéramos War, una emocionante película de Bollywood, en el cine Imax de Lido. Su amabilidad nos proporcionó un escape muy necesario de la realidad, nos levantó el ánimo y nos trajo alegría durante este momento difícil.

Manu Mathew, mi sobrino, había sido de gran ayuda para entregar los CD al Dr. Jayanth, entre otras cosas. Se despidió y vino a visitarnos por la mañana para hacernos compañía durante la estancia en el hospital. Juntos, todos fuimos al hospital BGS. Nos alojamos en una habitación para tres. Sharon y Manu se quedaron en otra habitación cercana.

El 14 de octubre a las 08:00 h, después de los preparativos, estaba lista para ir al laboratorio de cateterismo. Oramos. Sharon, Mary, Manu y yo nos dirigimos al laboratorio. El Dr. Jayanth me recibió y me aseguró que estaba allí y que no me preocupara. Me sentí maravillosamente cómoda. Los doctores Uthappa y Rohit me saludaron. Le dije al Dr. Uthappa que me alegraba de que fuera un exalumno de la Escuela Militar de Bengaluru (King George Royal Military School). Todos nos reímos mientras entraba. El anestesiólogo me puso una inyección. Todo el procedimiento duró alrededor de cuatro horas. Cuando abrí los ojos, el Dr. Jayanth me saludó. Saludé a Sharon, Mary y Manu. Todos estaban rezando. Nos trasladamos a la habitación n.º 428 a las 13:00 h.

Después de un tiempo, comencé a sentir dolor. A medida que pasaba el tiempo, el dolor comenzó a aumentar. Todos me consolaban diciéndome que pronto se calmaría, pero no disminuyó como prometieron. Sabía que los médicos tenían mucha experiencia, pero habían intentado la ablación en uno de los lugares más difíciles, "el lóbulo caudado". Recordé lo que me habían dicho los médicos del Hospital KIMS de Thiruvananthapuram sobre "el efecto disipador de calor". ¿Habrían cometido un error en el "valle de sangre"? El dolor aumentaba minuto a minuto y casi comencé a gritar. Mis labios se estaban secando.

Mi lengua estaba al borde de la inmovilidad. Sharon estaba en su mejor momento, llamando al Dr. Jayanth, a los médicos y a las enfermeras. En un momento, le dije a mi hijo: "Mon, creo que voy a morir". Él dijo: "No permitiré que eso suceda". Me trasladó a la UCI. Se arrodilló frente a la UCI y rezó por mí. Mientras escribo estas palabras, las lágrimas corren por mi rostro, abrumada por la profundidad de su amor y preocupación. Mientras tanto, mi hija también estaba pendiente de cada dato y rezaba intensamente por su querido papá. Mary había estado rezando todo el tiempo desde el 13 de septiembre. Me dieron morfina para aliviar el dolor. No pude dormir hasta las 2 a.m. Todo el tiempo, el dolor persistió. Dormí hasta las 6 a.m. Sharon siguió preguntando por mí al médico y al personal de la UCI. A las 11:00 h, me trasladaron de nuevo a la sala.

Fue una noche amarga y temida de ansiedad y miseria. Cada minuto parecía una hora, con sombras de incertidumbre que se cernían sobre mí. El inquietante silencio de la habitación solo estaba puntuado por el incesante tictac del reloj, que amplificaba el peso de mis aprensiones.

Vida de oración

Cuando me desperté, mi esposa me deseó un "feliz Día del Cuerpo". ¡Dios mío! Su entusiasmo, lealtad y espíritu de cuerpo eran entrañables. El 15 de octubre es el Día del Cuerpo de EME. Solíamos celebrar este día mientras estábamos en el ejército. Ella me besó dulcemente y le dije cuánto la amaba. Incluso Sharon parecía encantada. Sin embargo, no tenía apetito y solo podía comer un poco de Kanji (papilla de arroz). Desafortunadamente, tan pronto como daba un bocado, vomitaba. Usar el baño era todo un desafío y me encontraba orinando con frecuencia. Necesitaba pañales. La hermana Anu y el hermano Antony fueron increíblemente útiles durante este tiempo. Antony se quedó a mi lado durante toda la noche, ofreciendo oraciones. Recibí una inyección para el dolor cada seis horas y me cambiaron los pañales con regularidad. Me pusieron inyecciones adicionales para controlar los vómitos y los gases. Incluso la noche del 15 fue dura. Al anochecer, mi sobrino Manu se había ido. En la mañana del 16, Sharon me ayudó a dar pequeños paseos. Me cuidó como a un bebé delicado, me ayudó con la bacinilla y me sostuvo mientras caminaba hacia el baño. No pude evitar sentir un inmenso orgullo por mi hijo. En silencio, agradecida, dije: "Que Dios lo proteja a él y a su familia". El cuidado amoroso y tierno de Mary, Sharon y Caroline contribuyó significativamente a mi rápida recuperación.

Poco a poco fui recuperando fuerzas y pude moverme y comer en pequeñas cantidades. El día 17 nos dieron el alta hospitalaria. Nos entregaron el ***CD***. del procedimiento. Alrededor de las 3 p. m., nos despedimos del hospital y nos registramos en un hotel en JP Nagar, cerca del hospital. Para cenar, decidimos probar un restaurante que sirviera cocina rajasthani.

El 19 de octubre, me di el gusto de comer frutas, comida rápida y Mutton Rogan Josh. Esta combinación me provocó un malestar severo. Mi familia me apoyó en todo momento, rezando para que me aliviara. El día 20 por la tarde, tomamos un vuelo a casa. Llegamos al aeropuerto de Kochi a las 2:45 p. m. y llegamos a casa a las 7:45 p. m.

5:30 p. m. Estuvo lloviendo todo el camino a casa. Escribí en mi diario:

"Mi Dios ha sido muy amoroso y atento. Nos ha cuidado durante toda esta agonía". Siempre le seré obediente, leal y agradecido. Serviré a mi Señor, Nuestro Dios Jesucristo, con todas mis fuerzas por el resto de mi vida".

Sharon ahora tenía que tomar el vuelo de regreso de Kochi a Milwaukee el día 21 por la mañana. Finalmente, partió hacia Chicago a las 4 a. m. Mi recuperación fue lenta y constante. Con el paso de los días, el dolor disminuyó gradualmente. Reduje la dosis de paracetamol. Comencé a rezar el Rosario de la Divina Misericordia. Y una vez más, escribí en mi diario: "Jesús, por favor ayúdame a vivir una vida de oración. Te amo, te adoro y te alabo".

"Gracias por todo lo bueno que me has dado a mí y a mi familia".

Ahora, comencé a sentir que Dios me había dado una nueva vida y que debía cuidar mucho mejor a Mary y ayudarla tanto como fuera posible. A ella siempre le gustaron los pájaros, así que decidimos conseguir algunos agapornis. Hicimos una hermosa jaula para ellos. Mary se siente feliz dándoles comida y hablando con ellos. Ellos la entienden. Yo me sentí feliz.

El 17 de noviembre, mi hija había llegado de Houston. Había programado el seguimiento con la **CECT** del abdomen con contraste oral y rectal en un hospital cercano. Y cuando llegó el resultado, dijeron que no había evidencia de realce en la lesión primaria. Sin embargo, había un ganglio linfático portal agrandado que se realzaba. Probablemente metastásico. Señaló el seguimiento a corto plazo y la correlación con **LFT**. "No… no puede ser metastásico. Dios nos está supervisando", le dije a mi hija.

El 19 de noviembre, cuando abrí la Biblia, me impactaron los versículos de Daniel 12:12 y 13. Bienaventurados los que tienen paciencia y perseveran durante los mil trescientos treinta y cinco días. Ve, descansa; te levantarás para recibir tu recompensa al final del día. Inmediatamente me comprometí a recoger limosnas de cien casas de mi vecindario al final de estos 1335 días y ofrecerlas a la Señora de la Salud en el santuario de Velankanni, Tamil Nadu. Eso era lo que tenía la intención de hacer como mi proclamación de fe.

El 21 de noviembre fue el cumpleaños de Sharon y Caroline. Ambas iban a cumplir 40 años. Así que fuimos a la iglesia de San Jorge, en Edathua. Hicimos ofrendas y le dijimos a la Hermana Seline de Mercy Home en Changanacherry que almorzaríamos con los niños con capacidades diferentes que estaban siendo atendidos por las hermanas de Mercy Home. Caroline había organizado un almuerzo especial para ellos. La Hermana Seline fue genuinamente amable. Había estado rezando por todos los miembros de mi familia desde que la conocimos. Todos cantaron "Feliz cumpleaños a Caroline". Pasamos casi dos horas con ellos.

Continuamos con nuestro ritmo de vida normal. Después de una breve visita, Caroline regresó. He comenzado mi nueva etapa de vida de oración con la Biblia. Decidí escribir un versículo sencillo de la Biblia. Seleccioné el versículo: "Envió su palabra y los sanó; los rescató del sepulcro". Era como un niño que lo escribía con plena fe mil veces. Me sentí feliz.

Hablé con la Hermana. Teslin sobre mi enfermedad y ella me invitó a asistir a un retiro de cinco días en Carmel. Nos inscribimos para el retiro. Fue una experiencia nueva para nosotros. Aprendí muchas lecciones en el centro de retiro.

Algunos de ellos son:

1. No te preocupes. Dios lo sabe todo.

2. La fe lo es todo. Confía en tu Dios.

3. Debemos alabar a Nuestro Señor en voz alta y con entusiasmo.

4. La Santa Misa, el Rosario, la lectura de la Biblia y la caridad deben ser rutinarias.

5. Sé humilde y puro.

Aquí, en el centro de retiro, practiqué una rutina de oración de diecisiete horas durante cinco días. La última vez que seguí un régimen tan estricto fue en la Academia Militar de la India, cuando tenía dieciocho años.

Mirando hacia atrás, me siento feliz de haber podido reorientar mi forma de vida.

La hermana Teslin me dijo dos veces enfáticamente que mi cuerpo ya no tenía células cancerosas. La Gracia de Dios lo sanó. Al comenzar el nuevo año, mi vida de oración se intensificó a través de la Santa Misa, la lectura de la Biblia y múltiples **rosarios**. Ammachi también se unió a mí en los *rosarios.* Había olvidado los nombres de la mayoría de los familiares, pero recordaba muy bien el rosario y podía cantar algunas canciones antiguas de oración. Una vez más, tomé TAC en El hospital Aster fue parte de mi seguimiento. El informe salió bien. El médico confirmó que no había ganglio linfático metastásico. Alabado sea el Señor.

El general de brigada DP Singh me invitó a la boda de su hijo en Goa. Fue una vibrante ceremonia hindú en la playa, un marcado contraste con mi reciente rutina de oración diaria de 17 horas. En medio de los alegres bailes y las celebraciones junto al mar con la familia Singh, dejé de lado por un momento mis preocupaciones de salud.

Después de mi regreso, asistí a una convención bíblica organizada por el padre Daniel

Poovannathil. Esta experiencia me inspiró a embarcarme en una "Lectura completa de la Biblia en 100 días".

A mediados de marzo, los informes sobre la pandemia de COVID-19 se extendieron por todo el mundo y llenaron los medios de comunicación. Las autoridades impusieron restricciones de viaje y medidas de cuarentena para los viajeros que llegaban al país.

El brote del virus también afectó a la India. El término "distanciamiento social" se volvió familiar. En medio de la crisis creciente, marqué mi 67 cumpleaños en tranquila reflexión.

Un viaje de fe y sanación en medio de la pandemia

Durante la pandemia de COVID-19, aproveché la oportunidad de fortalecer mi fe completando dos lecturas completas de la Biblia. Fue una experiencia maravillosa. Profundicé mi comprensión de la Biblia y de mi fe. Me tomé un descanso de las redes sociales durante un mes para concentrarme en mis oraciones.

Durante los tiempos tumultuosos de la pandemia de COVID-19, encontré consuelo y refugio en mi fe en Jesucristo y en la Madre María. Aproveché esta oportunidad para profundizar en la Biblia y fortalecer mi confianza en Dios. Para impulsar mi viaje espiritual, recurrí a caminar dentro de mi casa, desde la puerta de entrada hasta la ventana trasera del dormitorio, teniendo el **Rosario** en mi mano. Recito oraciones del libro de oraciones de la Sociedad Misionera India (IMS) y del libro de oraciones del Centro de Retiros del Monte Carmelo.

Estos rituales me infundieron una sensación de paz, calma y consuelo. Me di cuenta de que estos confinamientos y restricciones tenían su lado positivo. Me permitieron concentrarme en mis oraciones y en el estudio de la Biblia sin distracciones externas. Además, el amable y compasivo padre Nebin, la hermana Teslin, la madre hermana Aloysius y todas las demás hermanas del Centro de Retiros Carmel Mount y la hermana Seline de Mercy Home me brindaron un inmenso consuelo y apoyo durante estos tiempos difíciles.

Para avanzar en mi crecimiento espiritual, comencé a escuchar las inspiradoras enseñanzas del padre Daniel Poovanathil en YouTube. Pasé aproximadamente 150 horas escuchando sus discursos. Escribí alrededor de setecientas páginas de notas. Comencé a visitar el Ashram de los Capuchinos de Getsemaní para confesarme. En honor a la memoria de nuestros queridos familiares fallecidos, hicimos ofrendas para la misa gregoriana en el Ashram de los Capuchinos.

Conocer al arzobispo Mar Joseph Perumthottam fue una experiencia que cambió mi vida. Rezó por mí y me regaló un *rosario.* Sentí una oleada de energía positiva y esperanza después de conocerlo. También me enteré del Centro de Retiros Marianos de Anakkara. Asistí a la Convención del Primer Sábado del Padre. Dominic Valanmanal en línea durante nueve meses consecutivos. La convención se celebraba el primer sábado de cada mes y era una profunda fuente de renovación espiritual para mí. Continué con esta rutina durante nueve meses más. Decidí extenderla al año siguiente.

Durante estas convenciones, aprendí a rezar las Coronillas de la Divina Misericordia y el Rosario de Nuestra Señora de las Lágrimas. Adopté el ritual diario de rezarlos mientras caminaba por los confines de mi casa. Durante este período, mis recitaciones de oración pudieron haber llegado a cientos de miles. Esta constante invocación espiritual llenó mi casa, transformándola en un refugio santificado, similar a un Ashram. Documento esta práctica con un propósito: transmitir este mensaje a las generaciones futuras. Deseo que sepan que pude alcanzar un sentido de santidad en mi hogar mediante la oración y la devoción constantes. Programé mi TC de seguimiento en el Hospital Aster para el 14 de mayo de 2020. Sin embargo, las restricciones al movimiento entre distritos plantearon un desafío.

Tuve que ir a la comisaría de policía de Changanacherry y obtener un pase de policía. No había mascarillas disponibles para nosotros, así que las compramos en una tienda por el camino. Después de la tomografía computarizada, conocí al Dr. Mathew Jacob. Me dijo: "La buena noticia es que no ha habido variaciones desde las veces anteriores, pero hay alguna lesión residual. Podemos esperar tres meses, pero te recomiendo que te reúnas con el Dr. Rohit Nair". El Dr. Rohit me aconsejó: "Vuelve para una revisión en seis semanas". Cuando recibí el informe de la tomografía computarizada, decía: "Pequeño foco de recurrencia yuxtapuesto cefálicamente a la lesión tratada previamente. Se puede hacer una resonancia magnética de la triple fase del hígado, pero el paciente se beneficiará de una nueva ablación del segmento 1". Opté por la creencia personal y la fe en Dios.

El día de nuestro 42º aniversario de bodas, Mary y yo asistimos al retiro virtual del padre Dominic Valanmanal, que lo dirigió para un número limitado de personas. Oramos intensa y fervientemente, pidiendo a Dios misericordia e intervención divina en mi enfermedad. Fue una experiencia poderosa y transformadora. Cuando nos habló directamente, prometió orar por nosotros.

Una vez más, recordé el versículo bíblico que la Hermana. Teslin me dio en la primera llamada telefónica con su Sabiduría de Salomón 16:12. **No fue ninguna hierba ni ungüento lo que los sanó, sino solo tu palabra, Señor, que todo lo sana.**

El 13 de septiembre de 2020, exactamente un año después de mi diagnóstico de carcinoma hepatocelular, escribí en mi diario: "Dios, has sido sumamente bondadoso. Te prometí que seguiría tus pasos. Haré todo como TÚ desees".

La gracia en el momento clave: 1335 días de intervención divina

El impacto de la COVID-19 dificultó mucho mi movilidad, en particular durante las pruebas y los controles posteriores. Por ello, tuve que posponer mi resonancia magnética. Las opiniones sobre cuál era la mejor manera de proceder diferían: el Dr. Rohit recomendaba una revisión después de seis semanas, mientras que el Dr. Mathew Jacob abogaba por una espera de tres meses. Finalmente, me sometí a la resonancia magnética el 12 de noviembre, después de una espera de siete meses.

Mientras soportábamos esta demora aparentemente interminable, un visitante aviar sorpresivo nos llamó la atención. Era un exquisito atrapamoscas del paraíso que adornaba nuestro árbol de yaca; su pico azul celeste y su cola alargada y blanquecina ofrecían una distracción y una esperanza muy necesarias. Como una señal de la **Madre Naturaleza**, este radiante intruso apareció por coincidencia justo antes de que me fuera al hospital para la tan esperada resonancia magnética.

La resonancia magnética duró aproximadamente 90 minutos. Seguí rezando durante ese tiempo. Después de la resonancia magnética, no vimos a ningún médico y fuimos a nuestro apartamento. Por la noche, el Dr. Mathew Jacob me dijo que la resonancia magnética era satisfactoria. Ambos suspiramos aliviados. Volví a consultar con él sobre la recurrencia de 1 cm observada en la tomografía computarizada anterior. Dijo: "Ese problema no existe". Esperamos el informe, que decía: "Hay una buena obliteración de la lesión. No hay evidencia de realce a lo largo de los márgenes de la lesión. Los hallazgos sugieren una excelente respuesta al tratamiento sin evidencia de recurrencia *(LR TR)".– no viable)"*.No se puede esperar leer nada mejor que esto. Dios, te lo agradecemos. "Totus Tuus Maria (Madre María, soy totalmente tuya)". Como me indicaron, repetí las resonancias magnéticas cada seis meses. No había células cancerosas en ninguna parte. Ahora estamos en el cuarto año. Señor, por favor, mantenme a salvo, oré. **"Benditos sean los que tienen paciencia y perseveran durante los mil trescientos treinta y cinco días".**

(Daniel 12:12)

Posfacio

Mientras termino las últimas páginas de la edición española de mi autobiografía, me invade un sentimiento de euforia por el tremendo éxito de Rangos y Rosarios en las ediciones inglesa e hindi, y espero sinceramente que el libro «Rangos y Rosarios La última lucha de un Brigadier contra el cáncer» obtenga una respuesta igual de buena por parte de los lectores de todo el mundo.

Estoy sorprendido por el éxito de la Academia de Defensa Berchmans (BEDA) que iniciamos hace unos años. Esta es la única academia de entrenamiento en todo el estado de Kerala en la India que es promovida por una universidad autónoma con en sus instalaciones con una carrera de obstáculos en toda regla y todas las demás instalaciones para el entrenamiento de entrada UPSC para los exámenes de los Servicios de Defensa como NDA, AFCAT, CDSE y entrenamiento SSB para todas las entradas. Tuvimos muchos estudiantes que asisten regularmente a la formación NDA, algunos de los que fueron seleccionados están, a la espera de la formación en la Academia Más que cualquier otra cosa son los cambios en el patrón de comportamiento general y la personalidad de los estudiantes en BEDA vemos un cambio distintivo.

Tengo la misión de ayudar a los pacientes de cáncer en Kerala. Me esforzaré por concienciar sobre el cáncer y trabajar con hospitales, médicos y organizaciones para cumplir esta misión. Los beneficios del libro se destinarán íntegramente a un fondo contra el cáncer creado con este fin.

Mi objetivo al escribir este libro es básicamente dejar 3 temas en los lectores, que son

1. Creencia Comprender que uno es el autor de la historia de su vida. Cree en ti mismo, puede que al principio no veas el horizonte, pero da el primer paso, recorre el camino del autodescubrimiento y al final serás capaz de unir los puntos.

2. La vida siempre será un camino lleno de altibajos. Mantener la fe como brújula te ayudará a sortear incluso los obstáculos más difíciles y te mantendrá con los pies en la tierra.

3. Armonía. Hay que aspirar a la paz mundial. Eso requiere paz en ti mismo, paz interior, paz en tu entorno inmediato y, poco

a poco, podrás ampliar tus fronteras y sumergirte a ti mismo y a los demás en la paz y la armonía.

Mi estancia en el ejército no se limitó a combates estratégicos, sino que fue una odisea de conexiones humanas y experiencias que me enseñaron estas valiosas lecciones de vida.

Enfrentarme al cáncer fue sin duda mi batalla más personal y profunda. Aunque momentáneamente sacudido, saque fuerzas de un espíritu indomable y de la fe y las expectativas en lo divino.

«Rangos y Rosarios La última lucha de un brigadier contra el cáncer» no es sólo un libro de memorias o el resultado de mi sudor y sangre, sino un verdadero testamento de estas lecciones de vida y una Oda a Dios Todopoderoso por todas las abundantes bendiciones que ha derramado sobre mí.

Querido lector, al pasar esta última página, debes saber que este no es mi viaje. Es un relato universal sobre la resistencia, la esperanza y las expectativas que nos impulsan, y en algún lugar entre las líneas encontrarás tu propio camino.

Sobre El Autor

El Brigadier OA James proviene de Ottathengal House, Puzhavathu, Changanacherry. Su ilustre viaje militar comenzó en 1971 en la prestigiosa Academia Militar de la India, en Dehradun.

Su servicio militar abarcó diversos lugares, desde ciudades como Delhi y Bhopal hasta desafiantes terrenos de gran altitud en Cachemira y las fronteras colindantes con Pakistán y China. Recibió formación especial en Suecia y Noruega sobre equipos electrónicos. Fue Jefe del Departamento de Ingeniería de Comunicaciones de la Escuela Militar de Electrónica e Ingeniería Mecánica de Secunderabad. También desempeñó un papel crucial en la selección de oficiales en el Comité de Selección de Servicios de Bhopal.

Como Coronel, dirigió un Batallón en Punjab. Más tarde, como Brigadier, fue Comandante y Director Gerente en el Taller Base 508 del Ejército en Allahabad, con novecientos civiles y trescientos combatientes.

Realizó importantes contribuciones como jefe de la organización NCC en Kerala y Lakshadweep. Se retiró del servicio militar en 2008.

Fuera de su vida profesional, el brigadier James aprecia su tiempo en familia. Su esposa, Mary James, es la piedra angular de la familia. Sus hijos viven ahora en Estados Unidos. Esta biografía ofrece una visión de la vida del brigadier James, marcada por el servicio, el liderazgo, la dedicación, la resistencia, la fe y la devoción. Para los lectores de todo el mundo, especialmente los que se enfrentan a retos que alteran la vida como el cáncer, la fe perdurable del brigadier James es un testimonio del espíritu humano y la perseverancia.

Agradecimientos

Dios me protegió del agarre implacable del cáncer, y durante estos tiempos difíciles, mi esposa, Mary, estuvo conmigo en silencio, pero firmemente, ayudándome a escribir esta autobiografía. Ella es mi ancla, levantándome y haciendo de este libro una realidad. Le estoy profundamente agradecida.

Mis hijos, Sharon y Caroline, me mantuvieron motivado. Agradezco sinceramente su ayuda, junto con mi yerno Sijo y mi nuera Sheethal por sus valiosas sugerencias. También agradezco a mi sobrino, Manoj Thomas, por su asistencia con mi estrategia de marketing digital, y a mis nietos -Ivan, Jimmy, Rhea, Isabel y Rachel- que ayudaron con la lluvia de ideas sobre títulos, subtítulos y diseño de portadas. Su apoyo espiritual significa el mundo para mí.

Estoy agradecido al Padre. Dominic Valanmanal, al Padre. Daniel Poovannathil, al Padre. Nebin, a la Hermana. Teslin, al Sr. Aloysius, Seline y el clero de nuestra iglesia catedral por sus oraciones. Gracias especiales al Dr. S.K. Mathew, el Cnel. Jagajeeve G., Manu Mathew y los equipos médicos dedicados del Aster Hospital, Kochi, y el BGS Gleneagles, Bangalore. Aprecio profundamente al

Dr. Jayanth Reddy por diseñar mi plan médico y la Unidad Integrada de Hígado en el Hospital Aster por su apoyo inquebrantable.

Me embarqué en esta autobiografía con el aliento de amigos y cortesanos, cuya fe en mí era una luz guía. Su apoyo fue inestimable.

Tengo la suerte de que dos de mis conexiones en LinkedIn, la Sra. Prakrati Sengar y la Sra. Rashika Gupta, me ayudaron con la traducción al español y la corrección y edición de este libro. Su asistencia voluntaria hizo posible esta labor, y estoy profundamente agradecido por su contribución.

Lo más importante es que mi fe en el Todopoderoso siempre ha sido firme. Él es mi piedra angular, mi Pastor, y su amor y protección han sido mi fortaleza inquebrantable.

Fotos de Traductora y Editora

Srta. Prakrati Sengar – Traductora

Ella tiene 23 años, desde el principio le encanta aprender sobre culturas diferentes e idiomas y por eso decidió aprender español vive en Kanpur, Uttar Pradesh y lleva más de 2 años trabajando como traductora del español

Srta Rashika Gupta – Editora y Correctora

Ella tiene 26 años, Vive en Nueva Delhi, Tiene más de 4 años de experiencia trabajando con el español como traductora y correctora independiente. También ha trabajado con varias embajadas como la Embajada de Ecuador, la Embajada de Suiza y la Embajada de España en Nueva Delhi, India.

Collage de Lanzamiento del libro

Lanzamiento del libro con Cardenal George

*Glosario

Capítulo: 1

Palacio Lakshmipuram : Un palacio real situado en Changanacherry de la familia real Parappanad

1. *Villu Vandi : Una carreta de bueyes tradicional utilizada para el transporte.*

2. *Pathayam : Un lugar de almacenamiento de granos alimenticios para uso actual.*

3. *Veranda: Un balcón largo*

4. *Mundakayam : Una ciudad en el distrito de Kottayam.*

5. *Chappal : una zapatilla*

6. *Fakir Semidesnudo: Un asceta religioso que vive únicamente de limosnas.*

7. *Sollukattu : En la danza bharatanatyam, el sollukattu es una forma de utilizar sílabas orales del tambor.*

Capítulo: 2

1. *(UPSC): La principal agencia de contratación de la India para empleos del gobierno de clase*

2. *A Kote : un arsenal*

3. *Personal Directivo : Oficiales formadores en la Academia*

4. *Oficina de control de tráfico : Una oficina dedicada a realizar reservas de ferrocarril para personal del ejército.*

5. *Mayor/ Hoshiar Singh : Mayor Hoshiar Singh, más tarde Coronel fue galardonado con PVC durante la batalla de Basantar.*

6. *"La seguridad, el honor y el bienestar de su país vienen primero, siempre y en todo momento. El honor, el bienestar y la comodidad de los hombres que usted comanda vienen después. Su propia facilidad, comodidad y seguridad vienen, por último, siempre y cada vez". (Lema Chetwode) : Lema Chetwode es el lema de los oficiales que salen de la Academia*

Capítulo: 3

1. *Topadoras : Un tractor de orugas utilizado en obras de construcción.*

2. *Moto Bajaj : Una marca popular de vehículos de dos ruedas.*

3. *Thiruvananthapuram : Ciudad capital de Kerala*

4. *Taller : El término taller se utiliza continuamente a lo largo de todo el libro y hace referencia a una unidad del EME que dispone de instalaciones para la reparación y mantenimiento de toda la gama de equipos en la formación que está apoyando. Es como cualquier otra unidad del ejército.*

5. *Jodhpur :Ciudad importante del oeste de Rajastán, en la región del desierto del Thar.*

6. *Deesa : Una ciudad municipal en el estado de Gujarat*

7. *Chakompathal, : Un pueblo con una belleza natural impresionante, lugar de nacimiento de Mary*

8. *Changanacherry : Una ciudad municipal en Kottayam a la que pertenece el autor.*

9. *Sikkim : Estado del noreste de la India que limita con Bután, Tíbet y Nepal.*

10. *Una estufa de Bujari : Un dispositivo de calefacción del espacio con una cámara de fuego cilíndrica ancha en la base en la que se quema el carbón y un cilindro más estrecho en la parte superior que ayuda a calentar la habitación y actúa como chimenea.*

11. *Reparaciones R2 : Escalón de sistemas de reparación practicados según las normas del EME.*

12. *Talleres de reparación ligera: Un escalón de organización de reparación en EME.*

13. *El lago Changu : Un lago glacial. venerado como un lago sagrado por los budistas e hindúes*

14. *Servicios de gestión de reparaciones: Significa servicios logísticos y de apoyo. En este caso, EME.*

15. *Sr. Ariel Sharon : Ex Primer Ministro de Israel.*

Capítulo 4

1. *Disturbios anti -Sijs : Se trata de una serie de ataques violentos contra sijes en la India, principalmente en Delhi, tras el asesinato de la primera ministra Indira Gandhi por sus guardaespaldas sijs.*

2. *Tragedia del gas de Bhopal : Este incidente de fuga de gas ocurrió el 2 y 3 de diciembre de 1984 en la planta de plaguicidas de unión Carbide India Limited (UCIL) en Bhopal, Madhya Pradesh. Se produjeron miles de muertes y complicaciones a largo plazo.*

3. *Janakpuri : Un barrio rico en Delhi, cerca de acontonamiento.*

4. *Khalistán : Se trata de un estado independiente propuesto en la región del Punjab de la India, que ha sido buscado por los separatistas sijes para una mayor autonomía y autogobierno*

5. *Taksal : Una importante institución religiosa sij.*

6. *El Templo Dorado : El gurdwara sij en Amritsar, el sitio religioso más venerado para los sijs*

7. *Idgah : Un barrio de lujo en Bhopal*

8. *Centro del EME : El centro de formación del Cuerpo de Ingenieros Eléctricos y Mecánicos.*

9. *Bairagarh : Un suburbio de Bhopal donde se encuentra una estación militar*

10. *Nala : Un desagüe*

Capítulo 5

1. *Khardung La Pass : 41 La segunda carretera más alta del mundo en 5359m*

2. *Nubra : Es un desierto frío 128 millas de largo y setenta y dos millas de ancho, una región de Ladakh*

3. *Shyok : Se encuentra entre el lago Pangong*

4. *Malayalam : Idioma dravidiano hablado en el estado de Kerala y es el idioma oficial*

5. *Taller de brigada :   Una unidad EME responsable del mantenimiento de todo el equipamiento de la Brigada.*

6. *Mess Havildar Suboficial responsable del funcionamiento diario de la Sala de Oficiales.*

7. *Helicóptero Cheetah : Helicóptero de cinco asientos utilizado por el ejército indio en los Himalayas.*

8. *Puesto de Qaid : El puesto se encuentra a 6500 m en el pico más alto del glaciar Siachen y ahora se llama Bana top después de su captura por las fuerzas indias en honor de Bana Singh PVC.*

9. *Bila Fond la : Un paso de montaña en la cordillera de Saltoro (una subrange de la cordillera de Karakoram) al oeste del glaciar Siachen.*

10. *Karakórum : Una cadena montañosa que se extiende 480 km desde el este de Afganistán hasta la región de Cachemira, con catorce picos de más de 8000 m. sobre el nivel del mar.*

11. *Curso RRX : Un equipo de retransmisión por radio.*

12. *Bahnhofstrasse : Una calle famosa en Zurich conocida por sus tiendas de lujo.*

13. *Taller de Reparacion En el ejército de la India, las reparaciones del equipo se clasifican en reparaciones sobre el terreno, reparaciones intermedias y reparaciones de base según el nivel e intensidad de las reparaciones.*

14. *Zona Corps : Un cuerpo del ejército indio es una formación de campo con 3 a 5 divisiones y tiene entre 20.000 y 45.000 soldados.*

15. *Secretario de la sala : Oficial que coordina el funcionamiento de la sala de oficiales en lo relativo a la alimentación y alojamiento de los oficiales solteros y organiza todo el entretenimiento para los oficiales.*

16. *PVSM : Medalla Param Visisht Seva, un premio por el servicio distinguido en el ejército indio*

17. *AVSM : Medalla Ati Vishisht Seva*

18. *VRC : Un premio militar de guerra por actos de gallardía.*

19. *Cañones Bofors : Obús sueco de 155 mm fabricado por AB Bofors y con un alcance y una velocidad de disparo notablemente elevados.*

20. *Canibalización: Proceso en el que las piezas de un equipo se utilizan para reparar otro*

21. *Sindicato de EME Corps: Cada cinco años se celebra una reunión de oficiales jubilados y en activo para conmemorar la formación del Cuerpo y sus logros.*

Capítulo 6

1. *YSM : La Medalla Yudh Seva es una medalla de servicio distinguido en el ejército indio por su alto grado de servicio distinguido en un contexto operacional.*

2. *Estado Mayor: La rama que se ocupa de las cuestiones operativas, de formación y de inteligencia en una formación.*

3. *BPET : Prueba de Eficiencia Física de Batalla que incluye muchas pruebas físicas extenuantes en traje completo de combate con arma.*

4. *PT : Entrenamiento físico*

5. *Taller de la Base 508 del Ejército : Unidad del ejército encargada de la revisión y reparación de fábricas de equipo*

6. *Allahabad : Prayagraj es el nuevo nombre de la ciudad a partir de 2018.*

7. *General una estrella : En la mayoría de los ejércitos occidentales, el rango se llama General de Brigada.*

8. *Malayalam : Idioma hablado en el estado indio de Kerala*

9. *Fuerte de Allahabad : Fuerte histórico construido por el emperador mogol Akbar en Prayagraj (Allahabad).*

10. *El río Yamuna : Un río importante de la India que fluye por Delhi y Uttar Pradesh.*

11. *El río Ganga : Río importante que nace en el Himalaya occidental y fluye a través de las llanuras del norte de la India hasta Bangladesh.*

12. *Maghmela : Un festival anual celebrado en el mes de Magha (enero/febrero) cerca de las orillas del río por los hindúes.*

13. *Kumbmela : Un festival importante celebrado cada 12 años en Prayagraj, en la confluencia de los ríos Ganges, Yamuna y Sarasvati.*

14. *Triveni Sangam : La confluencia de los ríos Ganges, Yamuna y el mítico Sarasvati en Prayagraj.*

15. *Gestor de obras : En un Taller de Base del Ejército, coordina todas las instalaciones, incluido el aprovisionamiento de repuestos necesarios para la producción y las revisiones/reparaciones.*

16. *KLP : Se trata de la ubicación permanente asignada a una unidad militar. Sólo se materializa cuando se asignan fondos en el presupuesto de defensa.*

17. *Coronel Q : Oficial de Estado Mayor en el Cuartel General de la Subzona.*

18. *AHQ : Secretariado Militar Sección AHQ*

Capítulo 7

1. _Instituto St. Berchmans_: Una famosa escuela de artes en Kerala que celebró su centenario en 2022 y mi alma mater.

2. R y V: Cuenta con trece caballos y cadetes NCC pueden aprender equitación y realizar eventos ecuestres.

3. Chandanakudam: Procesión musulmana de la fiesta con macetas sagradas de sándalo llevadas sobre cinco o seis colmillos en el mes de diciembre.

4. Sala VJT: Ahora la sala se llama Mahatma Ayyankali Hall, fue construido por Sree Moolam Thirunal Varma, el gobernante de antaño de Travancore para conmemorar el jubileo de oro de la coronación de la reina Victoria en 1896.

Capítulo 8

1. Anchu Vilakku: Una lámpara tradicional de cinco mechas de Kerala.

2. ECHS: El centro proporciona tratamiento médico, incluidos medicamentos, a los ex militares y personas a su cargo.

3. Navathi: Un término para celebrar 90 años.

4. Kristu Raja: Cristo el rey estatua con la cruz como su cetro fue importado de España y se instaló en la parte superior de la emblemática torre

5. Procurador: El sacerdote que ha confiado poderes financieros en nombre del obispo.

6. Athapookalam: Durante el Onam se considera auspicioso hacer Pookhalam. Poov significa flor, y kalam significa bosquejos de color en el suelo. Las flores de Jamanthi o Marigold se utilizan generalmente.

Capítulo 9

1. *Enfermedad Parenchymal : Enfermedad hepática.*

2. *AFP: Alfa-fetoproteína. Puede ayudar a diagnosticar ciertos tipos de cáncer*

3. *Hepatocellular carcinoma: Tipo más común de cáncer primario del hígado.*

4. *Houston: Una ciudad en Texas, EE.UU*

5. *DLF: Una empresa de bienes raíces.*

6. *TAC: La tomografía computarizada es un procedimiento de imagen por rayos X computadorizado.*

7. *IRM: La resonancia magnética utiliza un campo magnético y ondas de radio para tomar fotografías de las partes internas del cuerpo.*

8. *TACE: Es un tratamiento mínimamente invasivo, guiado por imágenes para el cáncer de hígado.*

9. *Sanjivani: Un hospital multiespecializado de la Marina de la India en Kochi, Kerala.*

10. *GS: El Estado Mayor se ocupa de las cuestiones relativas a la inteligencia operacional y militar de la DIV.*

11. *El Dia D-: Día de la decisión. Se inicia como un término militar para designar el inicio de una operación específica. Se utiliza ahora ampliamente para indicar el comienzo de aspectos cruciales en cualquier proyecto.*

12. *MD ECHS: Plan de Salud Contributiva para los ex serbios.*

13. *CD: Disco Compacto.*

14. *CE CT: Una tomografía computarizada con materiales de contraste.*

15. *LFT: Prueba de función hepática.*

16. *Rosarios: Una forma de devoción en la Iglesia Católica Romana en la que se repiten cinco/quince décadas de oración del Ave María, cada década precedida por una oración del Padre Nuestro y seguida por la oración de la Gloria sea. Una cadena de cuentas forma parte del rosario y se utiliza para contar las oraciones*

17. *LR TR: Las respuestas de tratamiento del sistema de imágenes hepáticas y datos no viables, lo que significa que no hay células cancerosas restantes.*

Lanzamiento del libro en Hindi

आशा, विश्‍वास और प्रत्याशा—ब्रिगेडियर की कैंसर से जंग

(Esperanza, fe y anticipación: la batalla del brigadier contra el cáncer)

www.ingramcontent.com/pod-product-compliance
Lightning Source LLC
Chambersburg PA
CBHW061424160726
47995CB00003B/745